高等职业教育“十三五”创新型规划教材

《审计学原理与实务（第二版）》
习题册

主　编　郭　磊　刁元元
副主编　刘艳妮　彭志敏　康　蒙

中国财经出版传媒集团
经济科学出版社
Economic Science Press

图书在版编目（CIP）数据

《审计学原理与实务（第二版）》习题册/郭磊，刁元元主编．—2 版．—北京：经济科学出版社，2019. 9
ISBN 978 - 7 - 5218 - 1015 - 8

Ⅰ. ①审…　Ⅱ. ①郭…②刁…　Ⅲ. ①审计学 - 高等职业教育 - 习题集　Ⅳ. ①F239. 0 - 44

中国版本图书馆 CIP 数据核字（2019）第 221437 号

责任编辑：宋　涛
责任校对：杨晓莹
责任印制：李　鹏

《审计学原理与实务（第二版）》习题册
主　编　郭　磊　刁元元
副主编　刘艳妮　彭志敏　康　蒙
经济科学出版社出版、发行　新华书店经销
社址：北京市海淀区阜成路甲 28 号　邮编：100142
总编部电话：010 - 88191217　发行部电话：010 - 88191522
网址：www. esp. com. cn
电子邮件：esp@ esp. com. cn
天猫网店：经济科学出版社旗舰店
网址：http：//jjkxcbs. tmall. com
北京密兴印刷有限公司印装
787 × 1092　16 开　5. 75 印张　150000 字
2019 年 10 月第 2 版　2019 年 10 月第 1 次印刷
印数：0001—3000 册
ISBN 978 - 7 - 5218 - 1015 - 8　定价：22. 00 元
（图书出现印装问题，本社负责调换。电话：010 - 88191510）

前言

《〈审计学原理与实务〉习题册》是高等职业教育“十三五”创新型规划教材《审计学原理与实务》的教学辅助用书。本习题册按教材体系编写，是在认真总结和充分吸收多年来高职教学改革实践经验的基础上编写的。各章安排了判断题、单项选择题、多项选择题及案例（计算）分析题等，以利于提高学生的岗位操作能力，更好地掌握审计基础知识和技能。

《〈审计学原理与实务〉习题册》突出体现从理论性出发、注重学生综合性、实用性、技能性知识的培养。注重审计方法的操作和运用，在销售、采购、筹资、投资、生产等各个系统进行审计测试方法的应用。促使学生运用学到的知识独立分析问题、解决问题。从而提高学生自我学习能力。

本书由陕西财经职业技术学院刁元元编写第一、二、三、四、五章，由陕西财经职业技术学院康蒙编写第六、七、八、十四、十五章，由陕西财经职业技术学院郭磊编写第九、十、十一章，由陕西财经职业技术学院刘艳妮编写第十二、十三章，《〈审计学原理与实务〉习题册》完成后，由陕西财经职业技术学院何秀娥老师主审，郭磊负责定稿整理。本书在编写过程中得到陕西财经职业技术学院马西牛、王乃平老师的大力支持，在此表示感谢！同时，书中难免存在疏漏不足之处，恳请广大同仁批评指正。

编　者

2019 年 6 月

目　　录

第一章　总　　论

一、单项选择题

1. 审计的最本质特性是（　　）。

A. 独立性　　B. 客观性　　C. 公正性　　D. 科学性

2. 我国审计的确立阶段是（　　）。

A. 秦汉时期　　B. 隋唐及宋　　C. 元明时期　　D. 辛亥革命时期

3. 注册会计师审计经历了四个发展阶段，其中最早的阶段为（　　）。

A. 资产负债表审计阶段　　B. 详细审计阶段

C. 会计报表审计阶段　　D. 现代审计阶段

4. 民间审计是商品经济发展到一定阶段的产物，其产生的社会基础是（　　）。

A. 财产所有权与经营权的分离　　B. 货币的产生

C. 垄断资本主义的产生　　D. 借贷资本与产业资本的融合

5. 在我国古代审计活动中，“宰夫”一职出现于（　　）。

A. 西汉　　B. 西周　　C. 宋朝　　D. 唐朝

6. 审计的最基本的职能是（　　）。

A. 经济评价职能　　B. 经济监督职能　　C. 经济鉴证职能　　D. 经济调节职能

7. 根据宪法规定，我国审计署正式成立于（　　）年。

A. 1949　　B. 1982　　C. 1983　　D. 1994

8. 西方民间审计起源于（　　）。

A. 美国　　B. 中国　　C. 意大利　　D. 英国

9. 宋代审计司的建立，是我国“审计”的正式命名，从此，“审计”一词便成为（　　）的专用名词。

A. 财会审核　　B. 经济司法　　C. 经济执法　　D. 财政监督

10. 注册会计师在执行审计业务时，必须与委托单位之间实实在在地毫无利害关系，这种独立称为（　　）。

A. 形式上独立　　B. 业务上独立　　C. 实质上独立　　D. 经济上独立

11. 目前世界上最大的民间审计专业团体是（　　）。

A. 英国爱丁堡会计师协会　　B. 英国苏格兰会计师协会

C. 中国注册会计师协会　　D. 美国注册公共会计师协会

12. 社会审计最主要的职能是（　　）。

A. 经济监督　　B. 经济鉴证　　C. 普通过失　　D. 欺诈

13. 审计产生的客观条件是（　　）。

A. 受托经济责任关系　　B. 生产发展的需要

C. 会计发展的需要　　D. 管理的现代化

14.（　　）是指审计的执行者。

A. 审计主体　　B. 审计对象　　C. 审计委托人　　D. 被审计单位

15. 注册会计师在第三者的面前呈现一种独立于委托单位和其他机构的身份，这种独立指的是（　　）。

A. 形式上的独立　　B. 实质上的独立

C. 工作独立　　D. 组织独立

16. 中国第一家会计师事务所是（　　）。

A. 潘序伦会计师事务所　　B. 立信会计师事务所

C. 正则会计师事务所　　D. 上海会计师事务所

二、多项选择题

1. 审计的特征是指审计区别于其他管理活动的独特之处。审计的特征有（　　）。

A. 独立性　　B. 有偿性　　C. 权威性　　D. 外部性

2. 审计的职能包括（　　）。

A. 经济监督　　B. 经济建议　　C. 经济评价　　D. 经济鉴证

3. 审计关系人是由（　　）组成。

A. 审计主体　　B. 审计载体　　C. 审计客体　　D. 审计委托者

4. 审计主体包括（　　）。

A. 国家审计机关　　B. 内部审计机构　　C. 公司经理　　D. 民间审计组织

5. 审计作用通常包括（　　）。

A. 监督　　B. 评价　　C. 制约　　D. 防护

三、判断题

1. 西周是我国政府审计制度初步形成阶段，民间审计和内部审计也在那时产生。（　　）

2. 1853 年在苏格兰的爱丁堡成立了“爱丁堡会计师协会”，这是世界上第一个职业会计师的专业团体。（　　）

3. 审计就是查账，其目的就是查错揭弊。（　　）

4. 审计对象就是被审计单位。（　　）

5. 1980 年，财政部颁发了《关于成立会计顾问处的暂行规定》，这标志着我国注册会计师制度的恢复。（　　）

6. 审计的独立性是保证审计工作顺利进行的必要条件。（　　）

7. 自从有了私有制，就有了审计。（　　）

8. 审计是一项具有独立性的经济管理活动。（　　）

四、简答题

1. 简述会计与审计的关系。

2. 简述我国国家审计发展史。

第二章　审计组织及审计人员形式

一、单项选择题

1.（　　）是代表政府行使审计监督权的行政机关，它具有法律赋予的独立性和权威性。

A. 会计师事务所　　B. 中国审计协会

C. 国家审计机关　　D. 内部审计组织

2. 我国审计署对（　　）负责，并向其报告工作。

A. 全国人大　　B. 中共纪律检查委员会

C. 国务院　　D. 全国人大常委会

3. 按中国证监会的规定，我国上市公司审计委员会隶属于（　　）。

A. 监事会　　B. 董事会　　C. 股东大会　　D. 总经理

4. 对会计师事务所和注册会计师进行自我教育和自我管理的单位是（　　）。

A. 财政部会计司　　B. 审计署指导司

C. 中国注册会计师协会　　D. 中国会计学会

5. 内部审计机构有权暂时封存可能被转移、隐匿、篡改、毁弃的会计资料，但应经过的程序是（　　）。

A. 内部审计机构负责人批准　　B. 财会部门负责人批准

C. 本单位主要负责人或权力机构批准　　D. 同级审计机关负责人批准

6. 在下列内部审计机构设置的不同体制中，独立性最弱的是（　　）。

A. 监事会或审计委员会领导体制　　B. 总经理领导体制

C. 财务副总经理领导体制　　D. 董事会领导体制

7. 注册会计师的业务范围不应包括（　　）。

A. 验资业务　　B. 财务报表审计业务

C. 保险精算业务　　D. 税务代理业务

8. 下列项目中，不属于注册会计师法定业务的是（　　）。

A. 审查企业财务报表，出具审计报告

B. 验证企业资本，出具验资报告

C. 办理企业合并、分立、清算事宜中的审计业务，出具有关的报告

D. 代理记账

9. 在西方，最具代表性的政府审计机关是（　　）的政府审计机关。

A. 司法系统　　B. 立法系统　　C. 行政系统　　D. 管理系统

10. CPA与政府审计部门如对同一审计事项进行审计，最终形成的审计结论可能存在差异。下列（ ）是导致差异的最主要原因。

A. 审计方式不同　　B. 审计性质不同
C. 审计独立性不同　　D. 审计依据不同

11. 下列各项中，不属于国家审计机关权限的是（ ）。

A. 就审计事项的有关问题向有关单位和个人进行调查，并取得有关证明材料
B. 要求被审计单位提供预算或者财务收支计划、决算、财务报表等资料
C. 冻结被审计单位银行存款账户
D. 向政府有关部门通报或者向社会公布审计结果

12. 下列有关审计机关审计管辖范围的说法中，错误的是（ ）。

A. 审计机关的审计管辖范围，根据被审计单位的财政、财务隶属关系或者国有资产监督管理关系确定
B. 审计机关之间对审计管辖范围有争议的，由其共同的上级审计机关确定
C. 上级审计机关对下级审计机关管辖范围内的重大审计事项可以直接进行审计
D. 下级审计机关可以自行决定对上级审计机关管辖范围内的审计事项进行审计

13. 按照现行《审计署关于内部审计工作的规定》，下列属于内部审计机构权限的是（ ）。

A. 对所在单位的主要负责人进行经济责任审计
B. 召开与审计事项有关的会议
C. 追究违法违规的单位和人员的责任
D. 向社会公布审计结果

14. 下列各项中，超出审计机关权限的是（ ）。

A. 要求被审计单位提供财务报表
B. 要求被审计单位提供在金融机构开立账户的情况
C. 制止被审计单位正在进行的违反国家规定的财务收支行为
D. 废止被审计单位主管部门制定的与国家法律相抵触的财政财务收支规定

15. 下列单位属于国家审计机关的是（ ）。

A. 陕西省审计厅　　B. 普通合伙制会计师事务所
C. 有限责任会计师事务所　　D. 国有大中型企业审计处

16. 下列不属于目前我国实施的审计专业技术职称的是（ ）。

A. 助理审计师　　B. 高级审计师　　C. 中级审计师　　D. 审计员

二、多项选择题

1. 我国审计组织由（ ）构成。

A. 国家审计机关　　B. 内部审计机构
C. 社会审计组织　　D. 资产评估机构

2. 我国政府审计机关拥有以下权限（ ）。

A. 要求提供资料权　　B. 审计检查权
C. 审计处理处罚权　　D. 司法权

3. 当今世界上大多数国家的审计机关属于议会领导，比如（ ）。
A. 加拿大的审计总署 B. 瑞典的国家审计局
C. 美国的审计总局 D. 西班牙的审计法院
4. 各个国家的审计机关，按其在整个国家机构中的隶属关系不同，可分为（ ）。
A. 立法型 B. 司法型 C. 行政型 D. 独立型
5. 依据《注册会计师法》，社会审计组织可以接受委托承办的业务项目包括（ ）。
A. 审查企业会计报表，出具审计报告
B. 验证企业资本，出具验资报告
C. 承办会计咨询、会计服务业务
D. 办理企业合并、分立、清算事宜中的审计业务，出具有关的报告
6. 我国内部审计机构的形式包括（ ）。
A. 部门内部审计机构 B. 审计委员会
C. 单位内部审计组织 D. 县审计局
7. 下列各项业务中，属于注册会计师的其他鉴证业务的有（ ）。
A. 内部控制审核 B. 年度财务报表审计
C. 中期会计报表审阅 D. 预测性财务信息审核
8. 综观世界各国，会计师事务所的组织形式主要有（ ）。
A. 独资 B. 合伙制
C. 有限责任公司制 D. 有限责任合伙制
9. 下列各项中，属于我国审计机关职责的有（ ）。
A. 对本级政府各部门预算执行情况进行审计监督
B. 对国有金融机构的资产、负债、损益，进行审计监督
C. 对政府投资和以政府投资为主的建设项目预算执行情况和决算进行审计监督
D. 对社会审计机构出具的所有审计报告进行核查
10. 哪些单位可以根据需要设置内部审计机构（ ）。
A. 国有大中型企业
B. 国家大型建设项目的建设单位
C. 县级以上国有金融机构
D. 财政财务收支较大或所属单位较多的政府部门

三、判断题

1. 审计署根据工作需要，可以在重点地区、部门设立派出机构，进行审计监督。（ ）
2. 政府审计机关无权审查财政预算的执行和财政决算。（ ）
3. 我国政府审计机关是行政型审计机关。（ ）
4. 内部审计机构其性质和会计检查机构基本相同，因此不必分设。（ ）
5. 西方国家内部审计机构的隶属关系，全部由本单位总裁或总经理领导。（ ）
6. 审查企业财务报表、出具审计报告是注册会计师的法定业务，非注册会计师不得承办。（ ）

7. 在我国，注册会计师必须经过会计师事务所的同意才能以个人名义承办业务。（　　）
8. 会计师事务所主要由注册会计师组成，实行自收自支、独立核算、依法纳税。（　　）

四、简答题

1. 简述国家审计机关的权限。

2. **【案例】** 小赵、小钱和小孙均是国内某知名大学的会计专业学生。在校期间，他们学习十分用功，会计专业基本功扎实，毕业几年后三人均取得了注册会计师资格。小赵通过公务员录用考试进了某地市级审计局工作，小钱在某合资企业负责企业集团的内审工作，当上了“白领”，小孙进了深圳一家会计师事务所，工作也相当出色，经常被事务所指定为外勤工作负责人，到客户单位进行会计报表审计。

【讨论】 小赵、小钱和小孙都是进行审计工作，他们工作的性质和对象有什么不同？

第三章　审计职业道德与法律责任

一、单项选择题

1. 下列注册会计师的行为中，不违反职业道德规范的是（　　）。
A. 对自己的能力进行广告宣传
B. 不以个人名义承接一切业务
C. 承接了主要工作由其他专家完成的业务
D. 按服务成果的大小进行收费

2. 审计责任是指（　　）。
A. 查错揭弊
B. 验证会计报表公允性
C. 既查错揭弊，又验证会计报表公允性
D. 注册会计师对自己的评价和鉴证所承担的责任

3. 会计师事务所不得为同一家上市公司同时提供年报审计和（　　）。
A. 法律服务　　B. 纳税申报　　C. 代编财务报表　　D. IT 系统服务

4. 注册会计师王某明知委托单位 ABC 公司的财务报表有重大错报，却在委托单位的压力下出具了无保留意见的审计报告，王某的行为属于（　　）。
A. 违约　　B. 过失　　C. 欺诈　　D. 严重过失

5. 下列做法中，属于被审计单位的错误而非舞弊的是（　　）。
A. 由于疏忽和误解有关事实而作出不恰当的会计估计
B. 截留收入
C. 更改原始凭证，使之与记账凭证一致
D. 更改账簿记录，操纵利润

6. 下列情况中，对注册会计师执行审计业务的独立性影响最大的是（　　）。
A. 注册会计师的母亲退休后担任被审计单位工会的文艺干事
B. 注册会计师的配偶现在是被审计单位开户银行的业务骨干
C. 注册会计师的一位朋友拥有被审计单位的股票
D. 注册会计师的妹妹大学毕业后在被审计单位担任现金出纳

7. 注册会计师职业道德规范的基本原则中，既要求注册会计师具有专业知识、技能和经验，又要求其经济、有效地完成客户委托的业务的是（　　）。
A. 独立客观公正　　B. 专业胜任能力　　C. 保密　　D. 职业行为

8. 会计师事务所对无法胜任或不能按时完成的业务，应（　　）。

A. 聘请其他专业人员帮助 B. 转包给其他会计师事务所
C. 拒绝接受委托 D. 减少业务收费

9. 在确定收费时，会计师事务所不应当考虑的因素是（ ）。
A. 专业服务所需的知识和前提 B. 所需的专业人员的水平和经验
C. 每一专业人员提供服务所需的时间 D. 鉴证的结果

10. 下列各项中，属于注册会计师违反职业道德规范行为的是（ ）。
A. 注册会计师可以在一定范围内对其能力进行广告宣传，但没有诋毁同行
B. 没有利用其知悉的客户信息为自己或他人谋取利益
C. 按照业务约定和审计准则的要求完成年报审计工作
D. 除有关法规允许的情形外，没有以或有收费形式为客户提供各种鉴证服务

11. 对于注册会计师的欺诈行为，法院可判其（ ）。
A. 承担民事责任 B. 承担刑事责任
C. 承担行政责任和刑事责任 D. 承担民事责任和刑事责任

12. （ ）不属于注册会计师原因所引起的法律责任。
A. 违约 B. 过失 C. 经营失败 D. 欺诈

13. 审计人员在审计过程中应保持合理的职业谨慎，下列行为中属于合理的职业谨慎的是（ ）。
A. 对审计事项全部采用详查法
B. 在所有情况下，固有风险全部确定为高水平
C. 对所有审计事项均确定较低的审计风险
D. 严格遵守审计准则

14. 如果被审计单位财务报表中存在重大错报，则在（ ）情况下很可能在诉讼中被判为重大过失。
A. 注册会计师运用常规审计程序通常能够发现该错报，但却提出错误的审计意见
B. 注册会计师确实遵守了审计准则，但却提出错误的审计意见
C. 注册会计师明知道有重大错误但却虚伪地陈述，出具无保留意见的审计报告
D. 注册会计师基本上遵循了审计准则的要求

二、多项选择题

1. 下列各项中，不符合注册会计师职业道德规范的有（ ）。
A. 同时在两家会计师事务所执业
B. 对能力进行广告宣传
C. 向帮助取得委托业务的其他单位支付介绍费
D. 以降低收费方式招揽业务

2. 注册会计师要保持其独立性，必须做到（ ）。
A. 与被审计单位的主要负责人在伦理上没有亲密关系
B. 不与被审计单位沟通
C. 与被审计单位在经济上没有利害关系
D. 不参与被审计单位的经济活动

3. 注册会计师应恪守的职业道德的基本要求包括（　　）。

A. 独立　　B. 客观　　C. 公正　　D. 廉洁

4. 注册会计师对客户负有的责任包括（　　）。

A. 按照业务约定书履行对客户的责任，按时按质完成委托业务

B. 对在执行业务过程中知悉的商业秘密保密

C. 除有关法规允许的情形外，不得以或有收费形式为客户提供鉴证服务

D. 不得以其职业身份对未审计或其他未鉴证事项发表意见

5. 注册会计师违反法律、准则可能承担的法律责任包括（　　）。

A. 行政责任　　B. 民事责任　　C. 刑事责任　　D. 过失责任

6. 下列有关审计的法律责任风险的表述中，不正确的是（　　）。

A. 审计工作没有法律责任风险

B. 信誉高的审计组织没有法律责任风险

C. 聘请外部专家是审计人员防范法律责任风险的对策之一

D. 是否遵循执业准则与审计人员法律责任风险无关

7. 为了有效防范审计人员法律责任风险，应采取的对策有（　　）。

A. 将审计人员的部分责任转由会计人员承担

B. 要求严格遵循职业道德规范和执业准则

C. 与被审计单位商定出具审计意见的类型

D. 深入了解被审计单位的情况

三、判断题

1. 会计师事务所不得以降低收费的方式招揽业务。（　　）

2. 注册会计师与被审计单位某位员工具有近亲属关系，就不得执行该客户的审计业务。（　　）

3. 会计师事务所可以根据业务情况自行确定收取费用的标准。（　　）

4. 注册会计师可以个人名义承办审计业务。（　　）

四、简答题

1. 什么是审计人员的职业道德？注册会计师职业道德的内容有哪些？

2. 注册会计师在对被审计单位的存货审计时提出监盘，但被审计单位表示年终前已经作过盘点，并向注册会计师提供了盘点的全部记录。注册会计师审查盘点记录后便认可了存货的真实性。然而，后来存货被证实存在大量虚构情况。

【要求】请对注册会计师进行责任认定，并说明理由。

第四章　审计分类与方法

一、单项选择题

1. 审计按其主体和内容的分类，是审计的（　　）。

A. 基本分类　　B. 其他分类　　C. 技术分类　　D. 综合分类

2. 按照预先规定的时间进行的审计，称为（　　）。

A. 事前审计　　B. 事中审计　　C. 事后审计　　D. 定期审计

3. 对某一特定项目所进行的审计，称为（　　）。

A. 局部审计　　B. 财经法纪审计　　C. 专项审计　　D. 民间审计

4. 对被审计单位一定期间的财务收支及有关经济活动的各个方面及资料都进行审计，这种审计种类被称为（　　）。

A. 财务审计　　B. 全部审计　　C. 内部审计　　D. 专项审计

5. 市国资委作为 X 国有独资企业的股权持有者代表，委托 ABC 会计师事务所对 X 国有独资企业 2016 年度财务报表进行审计，该审计的类别属于（　　）。

A. 政府审计　　B. 内部审计　　C. 经营审计　　D. 民间审计

6. 可以深入实际，调查研究，易于全面了解和掌握被审计单位实际情况的审计方式是（　　）。

A. 内部审计　　B. 就地审计　　C. 经营审计　　D. 民间审计

7. 现代审计的一个重要特征就是在评审被审计单位内部控制系统的基础上实行（　　）。

A. 抽样审计　　B. 逆查法　　C. 详查法　　D. 审阅法

8. 被审计单位按照审计机关的要求，将需要审查的全部资料按时送交审计机关所进行的审计是（　　）。

A. 就地审计　　B. 报送审计　　C. 定期审计　　D. 详细审计

9. 按照审计工作进行的时间分类，国家审计、社会审计的主要审计形式是（　　）。

A. 期中审计　　B. 事中审计　　C. 事后审计　　D. 期后审计

10. 货币资金审计、财经法纪审计和其他专题（案）审计通常采用的审计方法是（　　）。

A. 通知审计　　B. 突击审计　　C. 期中审计　　D. 事后审计

11. 政府审计与民间审计相同的地方，包括（　　）。

A. 均为外部审计，独立性较强　　B. 均需利用内部审计工作

C. 依靠收费维持生存　　D. 按区域划分，承接业务

12. 下列不属于民间审计特点的是（　　）。

A. 审计的强制性 B. 审计的独立性 C. 审计的有偿性 D. 审计的委托性

13. 审计分为账项基础审计、制度基础审计、风险导向审计的依据是（ ）。

A. 实施时间 B. 执行地点 C. 基础和技术 D. 审计主体

14. 采用（ ）方式进行审计，审计机构要事先向被审计单位下达审计通知书，或由审计机构与委托人签订审计业务约定书。

A. 报送审计 B. 就地审计 C. 通知审计 D. 委托审计

15. 财务报表审计一般是提供（ ）。

A. 绝对保证 B. 合理保证 C. 有限保证 D. 有效保证

16. 审计方法按照审查经济业务资料的规模大小和收集审计证据的范围的大小不同，可分为（ ）。

A. 详查法与抽样法 B. 检查与函证

C. 顺查与逆查法 D. 随机选样与任意选样

17. 审计取证的顺序与反映经济业务的会计资料形成过程相一致的审计取证方法是（ ）。

A. 顺查法 B. 逆查法 C. 详查法 D. 抽查法

18. 下列有关审计方法的表述中，错误的是（ ）。

A. 顺查法是指从检查原始凭证入手的审计方法

B. 顺查法一般适用于业务规模较小、会计资料较少的被审计单位

C. 逆查法是指从分析检查财务报表入手的审计方法

D. 逆查法一般适用于存在问题较多的被审计单位

19. 下列有关应收账款函证的说法中，正确的是（ ）。

A. 消极函证要求收函单位对函证事项无论与事实相符与否，都应给予回函

B. 函证的效果与审计人员无关

C. 与积极函证相比，消极函证取得的证据可靠性较高

D. 数额较大、有疑点的应收账款应该采取积极函证方法

20. 审计人员对被审计单位的有形资产进行监盘，可以查明这些有形资产（ ）。

A. 是否真实存在 B. 是否归被审计单位所有

C. 计价是否正确 D. 是否存在被抵押的情况

21. 审计人员通过研究不同财务数据之间以及财务数据与非财务数据之间的内在关系，对财务信息作出评价的方法是（ ）。

A. 分析 B. 计算 C. 函证 D. 检查

22. 2016 年 12 月 25 日对乙公司材料进行监盘后，确认其实有库存材料金额 5 000 万元。2016 年 12 月 26 ~ 31 日收入材料 4 000 万元，领用支出材料 3 500 万元，企业 2016 年 12 月 31 日账面库存材料 5 400 万元，则企业库存较实存少计材料（ ）万元。

A. 5 500 B. 900 C. 4 500 D. 100

23. 2017 年 3 月 5 日对甲公司现金监盘后，确认其实有数额 2 000 元，2017 年 1 月 1 日至 3 月 5 日现金收入 165 200 元，现金支出 165 500 元，则推断 2016 年 12 月 31 日库存现金为（ ）元。

A. 1 300 B. 2 300 C. 700 D. 2 700

24. 下列关于函证的表述中，正确的是（　　）。

A. 对于数额较大、有疑点的往来款项宜采用消极函证方法

B. 审计人员收到复函后，无论何种情况都不可再次发函询证

C. 审计人员无需对函证的全过程进行控制

D. 与积极函证相比，消极函证所取得的审计证据更可靠

25. 在随机选样条件中，选样的起点、方向可以任意确定而不影响选样的效果，是因为无论怎样确定选样的起点、方向，（　　）都是相同的。

A. 选取样本的随机性　　B. 所选的样本编号

C. 所选的第一个样本　　D. 推断的总体误差

26. 在选取样本时，如果随机确定了第一个样本，以后各个样本也就随之完全确定，这种选样方法称为（　　）。

A. 分层选样　　B. 系统选样　　C. 随意选样　　D. 判断选样

27. 注册会计师对应收账款项目进行检查，应收账款账面金额是10 000万元，选取的非统计抽样样本账面金额是1 000万元。如果注册会计师在样本中发现的错报为200万元，则利用比率法推断总体的错报金额是（　　）万元。

A. 1 500　　B. 2 000　　C. 1 000　　D. 200

28. （　　）主要用于查找重大非法事件，它有极高的可信赖程度。

A. 固定样本量抽样　　B. 变动样本量抽样

C. 停—走抽样　　D. 发现抽样

29. 注册会计师希望从2 000张编号为0001～2000的支票中抽取50张进行审计，随机确定的抽样起点为1900，采用系统抽样法下，抽取到的第4个样本号为（　　）。

A. 0020　　B. 0060　　C. 1940　　D. 1980

30. 在精确度界限和可靠程度一定的条件下，为了测定总体特征的发生频率而采用的方法是（　　）。

A. 属性抽样　　B. 变量抽样　　C. 任意抽样　　D. 判断抽样

二、多项选择题

1. 审计按其主体进行分类，可分为（　　）。

A. 国家审计　　B. 社会审计　　C. 宏观审计　　D. 内部审计

2. 财经法纪审计属于（　　）。

A. 事中审计　　B. 不定期审计　　C. 事后审计　　D. 定期审计

3. 审计按其范围分类可以分为（　　）。

A. 民间审计　　B. 全部审计　　C. 局部审计　　D. 专项审计

4. 按照被审计单位经济业务发生时间先后进行审计，审计可分为（　　）。

A. 事前审计　　B. 定期审计　　C. 事中审计　　D. 事后审计

5. 我国审计按其内容和目的分类，可分为（　　）。

A. 政府审计　　B. 财政财务审计

C. 经济效益审计　　D. 财经法纪审计

6. 审计按其执行地点分类，审计可分为（　　）。

A. 内部审计 B. 报送审计 C. 专项审计 D. 就地审计

7. 函证的方式有（ ）。

A. 逆查 B. 积极式 C. 顺查 D. 消极式

8. 详查法适用于（ ）。

A. 有严重问题的、非彻底检查不可的专案审计

B. 经济活动较少的小型企事业单位审计

C. 大中型企业审计

D. 所有企业的年度报表审计

9. 下列有关审计方法的表述，正确的有（ ）。

A. 风险导向审计的重心是审计风险的防止或发现并纠正

B. 账项基础审计的重心是发现和防止资产负债表错误与舞弊

C. 风险导向审计的重心是重大错报风险的识别、评估与应对

D. 制度基础审计的重心是以内部控制为基础的抽样审计

10. 国家审计人员运用函证方法收集审计证据时，下列做法中，正确的有（ ）。

A. 对整个函证过程加以控制，以保证函证的质量

B. 要求收函单位将询证函回函直接寄回审计机关

C. 使用积极函证一直未得到回复，采取其他替代方法

D. 对重要事项采取消极函证，提高审计效率

11. 下列关于监盘的说法中，正确的是（ ）。

A. 监盘是指审计人员监督盘点被审计单位的各种实物资产

B. 监盘的目的是确定被审计单位以实物形态存在的资产是否真实存在

C. 监盘可以证实资产的所有权

D. 监盘不能验证资产的质量

12. 变量抽样的方法主要有（ ）。

A. 单位平均估计抽样 B. 差额估计抽样

C. 比率估计抽样 D. 任意抽样

13. 样本设计需考虑的因素有（ ）。

A. 审计目的 B. 审计对象总体 C. 可信赖程度 D. 预期总体误差

14. 统计抽样中，样本选取方法包括（ ）。

A. 随机数表选样 B. 系统选样 C. 分层选样 D. 随意选样

三、判断题

1. 报送审计主要适用于政府审计机关对大型企业的审计。（ ）

2. 预告审计方式，主要用于对贪污盗窃和违法乱纪行为进行的财经法纪审计。（ ）

3. 一般来说，对被审计单位存在的贪污、受贿案件而进行的财经法纪审计等，属于不定期审计。（ ）

4. 审计人员采用函询时，可要求被函询单位回函时，可直接寄回审计人员，也可通过被审计单位转交。（ ）

5. 统计抽样是以概率论为理论基础的现代审计方法，采用统计抽样能比非统计抽样选

取更加适当的样本。 （ ）

6. 全部审计的优点是审查详细彻底，缺点是工作量太大、花费时间太多。 （ ）

7. 政府审计机关是依照宪法和审计法规定建立的，实行的是任意审计。 （ ）

8. 社会审计的具体目的和内容取决于上级主管机关的要求。 （ ）

9. 在就地审计和报送审计这两种审计方式中，我国使用广泛的一种方式是报送审计。 （ ）

10. 函询是通过向有关单位发函了解情况取得证据的方法，这种方法一般用于往来款项的查证。 （ ）

11. 从5 000张凭证中抽取500张凭证审查，则抽样间隔数为5。 （ ）

12. 注册会计师确定的可容忍误差越小，需选取的样本量就应越大。 （ ）

四、简答题

1. 某单位接到审计局的通知，要求单位将其投资活动方案的相关资料报送到审计局指定的地点，由审计机关对该方案进行审查，请指出该项审计的类型并说明理由。

2. 请指出属性抽样与变量抽样的区别及适用范围。

五、综合题

1. 在2017年3月，以下审计主体分别接受委托人的委派进行审计：

（1）王东、黎明是XYZ会计师事务所的注册会计师，接受东方股份有限公司董事会的委托对该公司2016年财务报表进行审计；

（2）赵丹、姚林是东方股份有限公司内部审计部的工作人员，按照审计计划安排，对该公司进行财务审计；

（3）王菲、赵敏是审计署的工作人员，接受审计署委派，对某大型电站的工程资金运用情况进行审计。

请回答：以上三类审计主体在承办各审计业务时的相似之处以及不同之处。

2. 下面是一份西咸新区审计局下达给兴秦有限责任公司的审计通知书，根据通知书的内容指出对该公司的审计属于何种类型的审计并简要说明理由。

西咸新区审计局

审计通知书

兴秦有限责任公司：

兹根据审计署的有关规定，特派我局审计人员张备、刘和、王苓共3人，于2016年5月8日至2016年5月16日期内，对你单位2015年度财务收支活动进行审计，请予配合，做好准备，并为审计人员提供必要的工作条件。

审计人员名称：

组长：张备　职称：高级审计师

组员：刘和　职称：审计师

王苓　职称：审计师

特此通知

西咸新区审计局（公章）

2016年4月29日

3. 在对某企业银行存款进行审计时，发现以下情况：

6 月 30 日银行存款日记账账面余额是 133 750 元，开户银行送来的对账单中银行存款余额是 127 000 元，经查对发现以下几笔未达账项：

（1）6 月 29 日委托银行收款 125 000 元，银行已入账该企业账户，收款通知单尚未送达企业；

（2）6 月 30 日该企业开出现金支票一张，计 400 元，企业已减少存款，银行尚未入账；

（3）6 月 30 日银行已代付企业电费 250 元，银行已经入账，企业尚未收到付款通知；

（4）6 月 30 日企业收到外单位转账支票一张，计 16 000 元，企业收款入账，银行尚未记账；

【要求】根据上述未达账项，编制银行存款余额调节表，并假定银行对账单所列企业银行存款余额正确无误。试问在编制调节表时发现错误金额是多少？属于什么性质错误？6 月 30 日企业银行存款日记账账面的正确余额是多少？

4. 审计人员准备对某被审计单位 05201 号至 05300 号发票存根采用系统随机抽样法进行抽查，抽查比例选定为 10%。

【要求】（1）确定以第一个抽样间隔中第 3 张发票作为抽查起点时，应抽查哪些编号的发票。（2）以第 05246 号发票作为抽查起点时，应抽查哪些编号的发票。（3）若两个随机起点分别为 05231、05286，应抽查哪些编号的发票。

5. 被审计单位应付账款账面总额为 5 000 000 元，共计 4 000 个账户，现选出 200 个账户，其账面金额 240 000 元，审计后认定金额为 247 500 元，试采用单位平均估计抽样、差额估计抽样和比率估计抽样推断应付账款总体金额。

6. 兴秦有限责任公司的会计政策规定，入库产成品按实际生产成本入账，发出产成品按先进先出法核算。2016 年 12 月 31 日，甲产品期末结存数量为 1 200 件，期末余额为 5 210 万元，该公司 2016 年度甲产品的相关明细资料如下（数量单位为件，金额单位为人民币万元，假定期初余额和所有的数量，入库单价均无误）：

日期	摘要	入库			出库			结存		
		数量	单价	金额	数量	单价	金额	数量	单价	金额
1.1	期初余额							500		2 500
3.1	入库	400	5.1	2 040				900		4 540
4.1	销售				800	5.2	4 160	100		380
8.1	入库	1 600	4.6	7 360				1 700		7 740
10.3	销售				400	4.6	1 830	1 300		5 900
12.1	入库	700	4.5	3 150				2 000		5 090
12.31	销售				800	4.8	3 840	1 200		5 210
12.31	期末余额							1 200		5 210

7. 宏达股份有限公司2016年12月31日库存商品——羊毛衫明细账结存数量（单位：件）如下：

品种	一等品	二等品	三等品
男式	640	160	50
女式	880	220	100
童式	450	120	30

应注册会计师李祥辉的要求，该公司于2017年1月15日上午进行了盘点，结果如下：

品种	一等品	二等品	三等品
男式	608	216	46
女式	857	255	58
童式	414	56	20

查阅库存商品仓库卡片，1月1日至14日收付记录如下：

品种	收入			发出		
	一等品	二等品	三等品	一等品	二等品	三等品
男式	1 240	160	50	1 172	204	54
女式	1 430	170	100	1 393	195	142
童式	640	160	50	666	224	60

【要求】根据2017年1月15日的实际盘点结果，用调节法核实2016年12月31日结存数，并与原明细账结存数量核对，检查原记录的真实性和正确性。

第五章　审计目标和审计程序

一、单项选择题

1. (　　) 是审计实施阶段中最重要的一项工作。

A. 实质性测试　　B. 符合性测试

C. 签订审计业务约定书　　D. 评价被审计单位内部控制制度

2. 审计终结阶段的工作不包括 (　　)。

A. 编制审计报告　　B. 实质性测试

C. 将有关文件整理归档　　D. 作出审计结论和决定

3. 下列关于审计目标的说法中，错误的是 (　　)。

A. 审计目标是审计行为的出发点

B. 审计目标是审计活动要达到的目的

C. 审计目标包括总体审计目标和具体审计目标两个层次

D. 审计目标在不同历史时期是相同的

4. 会计师事务所接受委托时，应同被审计单位签订 (　　)。

A. 审计准则　　B. 审计业务约定书

C. 审计通知书　　D. 审计报告

5. 审计程序的起点是 (　　)。

A. 接受业务委托　　B. 计划审计工作

C. 实施风险评估程序　　D. 实施控制测试和实质性程序

6. 审计业务约定书具有 (　　)。

A. 经济合同性质　　B. 意向书性质

C. 风险评估程序的证据性质　　D. 实施分析程序的前提性质

7. 下列工作中，属于审计准备阶段的是 (　　)。

A. 对内部控制进行符合性测试

B. 对账户余额进行实质性测试

C. 对会计报表总体合理性进行分析性复核

D. 对内部控制进行调查了解

8. 在下列关于审计机关后续审计的说法中，正确的是 (　　)。

A. 后续审计就是定期审计

B. 后续审计就是继续审计

C. 后续审计就是报送审计

D. 后续审计是对审计决定执行情况进行的追踪审计

9.（ ）是指财务报表存在重大错报而注册会计师发表不恰当意见的可能性。

A. 审计风险 B. 检查风险 C. 固有风险 D. 控制风险

10. 资产为200万元和20万元的两个企业，如果他们的资产负债表上存货项目少计2万元，那么（ ）。

A. 对于两个企业都不重要

B. 对于两个企业都重要

C. 对于资产为200万元企业不重要

D. 要看哪个企业的资产负债表上少计的2万元能导致报表使用者改变其决策

11. 下列仅属于交易和事项认定的是（ ）。

A. 发生 B. 完整性 C. 截止 D. 计价

12. 下列类别，不属于注册会计师针对列报相关的认定是（ ）。

A. 分类和可理解性 B. 发生以及权利和义务

C. 完整性、准确性和计价 D. 截止和分摊

13. 没有发生销售交易，却在销售日记账中记录了一笔销售，违反的审计认定是（ ）。

A. 发生 B. 完整性 C. 准确性 D. 截止

14. 下列属于对列报的权利认定运用的是（ ）。

A. 复核董事会会议记录中是否记载了固定资产抵押等事项，询问管理层固定资产是否被抵押

B. 检查关联方和关联方交易，以验证其在财务报表中是否得到充分披露

C. 检查存货的主要类别是否已披露，是否将一年内到期的长期负债列为流动负债

D. 检查财务报表附注是否对原材料、产成品和在产品等存货成本核算方法做了恰当说明

15. 被审计单位当年购入一批材料，会计部门在记账时漏记了该批材料的外地运杂费，则被审计单位管理层违反的认定是（ ）。

A. 准确性 B. 截止 C. 发生 D. 完整性

16. 下列选项中，管理层违反“分类”认定的是（ ）。

A. 将已发生的销售业务不登记入账

B. 把寄销商品作为自有商品记录在会计账上

C. 将现销记录为赊销，将出售固定资产的收益作为营业收入记录

D. 将接近资产负债表日的交易记录于下年度

17. 下列选项中，被审计单位违反计价和分摊认定的是（ ）。

A. 将未发生的销售业务入账 B. 将未作为抵押的汽车披露

C. 未计提坏账准备 D. 将未发生的费用登记入账

18. 下列选项中，违反“权利和义务”认定的是（ ）。

A. 将已发生的销售业务不登记入账 B. 将未曾发生的销售入账

C. 未将已质押的存货披露 D. 长期待摊费用的摊销期限不恰当

19. 对于下列应收账款认定，通过实施函证程序，注册会计师认为最可能证实的是（ ）。

A. 计价和分摊　　B. 分类　　C. 存在　　D. 完整性

20. 沪江公司的资产负债表报告“应收账款 100 000”，这意味着管理层在财务报表上明确表达的认定是（　　）。

A. 所有应报告的应收账款均包括在内　　B. 应收账款的收回不受任何限制

C. 应收账款的正确余额是 100 000 元　　D. 应收账款能如期收回

21. 根据中国注册会计师审计准则的规定，财务报表审计的总目标是（　　）。

A. 对被审计单位财务报表的合法性、公允性和一贯性表示意见

B. 发现财务报表的重大错误、舞弊以及财务报表有直接影响的重大违反法规行为

C. 判断被审计单位财务状况和偿债能力

D. 对被审计单位财务报表的合法性和公允性表示意见

22. 对于下列销售收入认定，通过比较资产负债表日前后几天的发货单日期与记账日期，注册会计师认为最可能证实的是（　　）。

A. 发生　　B. 完整性　　C. 截止　　D. 分类

23. 截止测试要实现的目标是“截止”，这一程序是要检查（　　）。

A. 存货账户所列金额均经正确估价和计量

B. 确认已发生的交易确实已经记录

C. 有无将下年度的收入计入报告期利润表

D. 资产负债表日，已记录的交易均存在

24. 具体审计目标中，“分类和可理解性”的含义是（　　）。

A. 应当披露的事项是否均包括在财务报表中

B. 是否将没有发生的交易、事项，或与被审计单位无关的交易和事项包括在财务报表中

C. 财务信息已被恰当地列报和描述，且披露内容表述清楚

D. 财务信息和其他信息已公允披露，且金额恰当

25. 对“无形资产的摊销期限是否适当”这一事项的判断涉及的相关会计认定是（　　）。

A. 存在或发生　　B. 完整性　　C. 计价和分摊　　D. 真实性

26. 下列被审计单位管理层认定中，与利润表组成要素无关的是（　　）。

A. 发生认定　　B. 权利和义务认定

C. 截止性认定　　D. 完整性认定

二、多项选择题

1. 审计以后出现复审，其原因有（　　）。

A. 被审计单位对审计结论提出异议进行复审

C. 法律诉讼引起复审

B. 审计机关检查审计小组的工作进行复审

D. 每次出具审计报告后都要进行复审

2. 下列各项中，属于国家审计实施阶段的工作有（　　）。

A. 对内部控制进行初步调查　　B. 编写审计报告

C. 收集审计证据　　D. 对财务报表项目进行实质性测试

3. 根据审计准则的相关规定，会计师事务所在审计业务约定书中承诺的对被审计单位的主要义务有（　　）。

A. 高效优质地为被审计单位服务

B. 按照约定时间完成审计业务，出具审计报告

C. 对在执业过程中获悉的商业秘密保密

D. 确保审计收费的合理性

4. 被审计单位管理层对编制财务报表的责任具体包括（　　）。

A. 选择适用的会计准则和相关会计制度

B. 选择和运用恰当的会计政策

C. 根据企业的具体情况，作出合理的会计估计

D. 审核或监督与财务报告相关的企业内部控制

5. 以下关于认定和目标的表达，正确的有（　　）。

A. 如果没有发生销售交易但在销售日记账中记录了一笔销售，则违反了真实性目标

B. 如果发生了销售交易，却没有在销售明细账和总账中记录，则违反了完整性的目标

C. 如果在销售中，开账单时使用了错误的销售价格，则违反了准确性的目标

D. 如果将他人寄售商品列入了被审计单位的存货，则违反了截止目标

6. 与资产负债表组成要素有关的财务报表认定有（　　）。

A. 存在　　B. 完整性　　C. 权利和义务　　D. 计价和分摊

7. 有关被审计单位管理层认定的下列表述中，正确的是（　　）。

A. 发生认定主要与财务报表组成要素的高估有关

B. 完整性认定主要与财务报表组成要素的低估有关

C. 权利和义务认定只与资产负债表组成要素有关

D. 计价和分摊认定只与利润表组成要素有关

8. 下列账户中适宜侧重检查完整性认定的是（　　）。

A. 生产成本　　B. 管理费用　　C. 应付利息　　D. 主营业务收入

9. 注册会计师通过对银行提供的银行存款对账单的检查，可以证实被审计单位对其银行存款的（　　）认定。

A. 存在　　B. 权利　　C. 分类　　D. 计价

10. 属于在审计计划阶段进行的是（　　）。

A. 对被审计单位内部控制制度的建立及遵守情况进行符合性测试

B. 制定总体审计计划

C. 编制具体审计计划

D. 分析审计风险

11. 下列内容应在审计业务约定书中明确的是（　　）。

A. 管理层对会计报表的责任　　B. 违约责任

C. 签约双方义务以及审计范围　　D. 审计收费

三、判断题

1. 审计计划制定后，审计人员不得对审计计划进行修订和补充。（　　）

2. 审计程序是指审计人员在具体的审计过程中所采取的行动和步骤。（　）

3. 后续审计就是复审。（　）

4. 一般地说，审计具体目标是根据被审计单位管理当局的认定和审计总体目标来确定的。（　）

5. “发生”认定所解决的问题是管理当局是否把应该包括的项目给遗漏了。（　）

6. 无论是政府审计还是民间审计、内部审计，在审计开始前，审计机构都要与被审计单位签订审计约定书。（　）

7. 客户于2015年12月30日向X公司发出商品30万元，2016年1月4日办托收手续，客户在发出商品时，确认收入入账。则客户2016年财务报表违反了“完整性”认定。（　）

四、简答题

1. 简述各类交易和事项相关的认定。

2. 执行审计程序有什么意义？

五、业务题

1. 注册会计师通常依据各类交易、账户余额和列报的相关认定确定审计目标，根据审计目标设计审计程序。以下给出了采购交易的审计目标，并列举了部分实质性程序。

（1）审计目标

A. 所记录的采购交易已发生，且与被审计单位有关。

B. 所有应当记录的采购交易均已记录。

C. 与采购交易有关的金额及其他数据已恰当记录。

D. 采购交易已记录于恰当的账户。

E. 采购交易已记录于正确的会计期间。

（2）实质性程序

F. 将采购明细账中记录的交易同购货发票、验收单和其他证明文件比较。

G. 根据购货发票反映的内容，比较会计科目表上的分类。

H. 从购货发票追查至采购明细账。

I. 从验收单追查至采购明细账。

J. 将验收单和购货发票上日期与采购明细账中的日期进行比较。

K. 检查购货发票、验收单、订货单和请购单的合理性和真实性。

L. 追查存货的采购至存货永续盘存记录。

【要求】请根据题中给出的审计目标，指出对应的相关认定；针对每一审计目标，选择相应的实质性程序（一项实质性程序可能对应一项或多项审计目标，每一审计目标可能选择一项或多项实质性程序）。请将财务报表相关认定及选择的实质性程序字母序号填入表格中。

相关认定	审计目标	实质性程序
	所记录的采购交易已发生，且与被审计单位有关。	
	所有应当记录的采购交易均已记录。	
	与采购交易有关的金额及其他数据已恰当记录。	
	采购交易已记录于恰当的账户。	
	采购交易已记录于正确的会计期间。	

第六章　审计规范

一、单项选择题

1. 一般审计准则中，视为审计工作的灵魂的是（　　）。

A. 独立性　　B. 客观性　　C. 权威性　　D. 真实性

2. 实施审计准则，可以赢得对审计工作信任的利益相关者有（　　）。

A. 审计人员　　B. 委托审计者　　C. 权威性　　D. 社会公众

3. 美国审计准则产生的标志是（　　）的颁布。

A.《统一会计》　　B.《公认审计准则》

C.《审计准则试行方案》　　D.《国际审计准则》

4. 早在 1947 年，美国审计程序委员会制定了第一部审计准则是（　　）。

A.《一般公认审计准则》　　B.《公认审计准则》

C.《审计准则试行方案》　　D.《国际审计准则》

5. 最高审计机关国际组织（INTOSAI）是关于（　　）主体的审计组织。

A. 国家审计　　B. 社会审计　　C. 注册会计师审计　D. 内部审计

6. 审计署是国务院 25 个组成部门之一，于（　　）年 9 月 15 日正式成立的，在国务院总理领导下，主管全国的审计工作。

A. 1949　　B. 1978　　C. 1980　　D. 1983

7. 中国注册会计师协会于（　　）年加入国家会计师联合会（IFAC）。

A. 1977　　B. 1997　　C. 1980　　D. 1986

8. 审计人员提出审计意见，作出审计结论，要令人信服，取信于社会公众，必须有（　　）。

A. 审计目标　　B. 审计依据　　C. 审计准则　　D. 审计任务

9. 在审计过程中，如遇低层次的规定与高层次的规定相抵触时，则应以（　　）。

A. 高层次规定为准　　B. 低层次规定为准

C. 审计制度规定为准　　D. 会计制度规定为准

10. 下列各项中，属于审计质量控制措施的是（　　）。

A. 选择简单易审的项目进行审计　　B. 对所有审计项目都进行内部控制测试

C. 对所有审计事项都采用详查法　　D. 对所有审计工作底稿进行复核

11. 既能为审计人员提供工作标准，又能作为检查和评价审计工作质量规则的是（　　）。

A. 审计法　　B. 审计法实施条例

C. 审计准则　　D. 审计工作方案

12. 审计准则的职能在于（　　）。
A. 提高了审计本身的可信性
B. 审计理论与审计实践联结的纽带和桥梁
C. 确定和解脱审计责任
D. 评价审计质量

13. 下列关于审计准则的表述，错误的是（　　）。
A. 审计准则的作用在于规范审计行为
B. 审计准则是衡量审计事项是非优劣的准绳
C. 审计准则是评价审计质量的重要依据
D. 不同类型的审计主体应制定各自的审计准则

14. 下列关于审计准则结构的表述中，错误的是（　　）。
A. 国家审计、内部审计及注册会计师审计应当遵循不同的审计准则
B. 不同性质的审计业务应当有不同的审计准则
C. 不同层次的审计行为应有不同层次的审计准则
D. 审计人员在一个审计项目中只需要遵循基本的准则

二、多项选择题

1. 审计准则的概念，其含义有（　　）。
A. 是制约审计人员的行为准则
B. 对审计人员素质提出要求
C. 对社会提供审计工作质量保证
D. 是通过审计人员执行审计程序体现出来的
E. 是审计人员签署审计最终意见时的客观保证

2. 下列关于审计准则的作用的表述中，正确的有（　　）。
A. 审计准则是衡量审计质量的尺度
B. 审计准则是确定和解脱审计责任的依据
C. 审计准则是评价被审计单位业绩的标准
D. 审计准则是审计组织与社会进行沟通的媒介
E. 审计准则是完善审计组织内部管理的基础

3. 审计准则按分层次划分，其内容大体上可以分为（　　）。
A. 一般准则　B. 具体准则　C. 基本准则　D. 报告准则
E. 报告准则

4. 我国注册会计师执业准则主要有（　　）。
A. 审计准则
B. 审阅准则
C. 独立审计实务公告
D. 其他鉴证业务准则
E. 相关服务准则

5. 根据审计主体及作用范围不同，审计准则可以分为（　　）。
A. 国际审计准则
B. 国家审计准则
C. 内部审计准则
D. 外部审计准则
E. 注册会计师审计准则

6. 在注册会计师的鉴证业务中，下列属于“预期使用者”的有（　　）。

A. 股东及潜在投资者　　B. 债权人
C. 管理层　　D. 证券交易机构
E. 管理层和治理层

7. 如注册会计师因为没有（　　）而未能发现会计报表中严重失实的错误与舞弊，则应负审计责任。

A. 依据审计准则的要求　　B. 充分考虑审计风险
C. 依赖被审计单位的内部控制　　D. 实施必要和适当的审计程序

8. 我国内部审计组织应遵循的法律规范体系包括（　　）。

A.《中华人民共和国审计法》　　B.《中华人民共和国审计法实施条例》
C.《审计署关于内部审计工作的规定》　　D.《我国内部审计准则》
E.《内部审计人员职业道德规范》

9. 下列各项业务中，属于注册会计师的其他鉴证业务的有（　　）。

A. 内部控制审核　　B. 年度财务报表审计
C. 中期会计报表审阅　　D. 预测性财务信息审核
E. 会计服务业务

10. 我国会计师事务所的质量控制制度应当包括针对一些要素而制定的政策和程序，这些要素包括（　　）。

A. 对业务质量承担的领导责任　　B. 职业道德规范
C. 业务工作底稿　　D. 监控
E. 复核

11. 最高审计机关国际审计组织审计准则的组成部分有（　　）。

A. 国家审计的基本要求　　B. 国家审计的一般准则
C. 国家审计的现场工作准则　　D. 国家审计的具体准则
E. 国家审计的报告准则

12. 审计人员在开展审计过程中必须遵守的行为规范有（　　）。

A. 审计准则审计标准　　B. 审计质量控制标准
C. 审计职业道德　　D. 审计计划

13. 属于注册会计师提供鉴证业务的有（　　）。

A. 审计业务　　B. 审阅业务
C. 会计咨询和会计服务业务　　D. 代编财务报表业务
E. 其他鉴证业务

三、简答题

1. 审计准则的含义是什么？

2. 国家审计准则有哪些？

3. 中国注册会计师执业准则体系是什么？

四、分析题

ABC会计师事务所接受委托，负责审计上市公司甲公司2016年度财务报表，并委派A注册会计师担任审计项目合伙人。在制定审计计划时，A注册会计师根据其审计甲公司的多年经验，认为甲公司2016年度财务报表不存在重大错报风险，应当直接实施进一步审计程序。在审计过程中，A注册会计师要求项目组成员之间相互复核工作底稿，并委派其所在业务部的B注册会计师负责甲公司项目质量控制复核。项目组内部在某项重大问题上存在分歧，经主任会计师批准，A注册会计师出具了审计报告。在审计报告出具后，B注册会计师随机选取若干份工作底稿进行了复核，没有发现重大问题。

【要求】

针对上述情形，指出存在哪些可能违反审计准则和质量控制准则的情况，并简要说明理由。

第七章　审计标准、审计证据、审计工作底稿

一、单项选择题

1. 审计依据不是任何时期都能适用的，这种特性称为（　　）。
A. 局限性　B. 地域性　C. 层次性　D. 时效性

2. 在空间上，很多审计证据还要受到的限制是（　　）。
A. 相关性　B. 地域性　C. 层次性　D. 时效性

3. 审计人员选用审计依据时，必须从实际出发（　　）。
A. 辩证分析问题　B. 兼顾各方利益
C. 具体问题具体分析　D. 宏观与微观相结合

4. 选用审计依据，不能只考虑眼前利益，还要考虑（　　）。
A. 国家利益　B. 企业利益　C. 社会利益　D. 长远利益

5. 审计人员判断审计事项是非、优劣的标准是（　　）。
A. 审计证据　B. 审计标准
C. 审计准则　D. 审计质量控制标准

6. 下列各项中，通常可以作为审计标准的是（　　）。
A. 国家审计准则　B. 审计工作计划
C. 审计工作方案　D. 国家有关方针政策

7. 在审计证据中占主要部分，数量多、来源广的审计证据是（　　）。
A. 实物证据　B. 书面证据
C. 口头证据　D. 视听或电子证据

8. 以实物的外部特征和内含性能来证明事物真相的各种财产物资是（　　）。
A. 环境证据　B. 加工证据　C. 书面证据　D. 实物证据

9. 下列审计证据中，证明力最强的是（　　）。
A. 被审计单位提供的证明材料　B. 被审计单位会计人员的口头证据
C. 有关审计事项的环境证据　D. 审计人员亲自编制的相关资料

10. 下列审计证据中，属于亲历证据的是（　　）。
A. 审计人员编制的应收账款账龄分析表
B. 审计人员从被审计单位获得的采购合同
C. 审计人员取得的银行对账单
D. 审计人员函证应收账款时收到的债务单位回函

11. 下列各项证据中，属于内部证据的是（　　）。

A. 审计人员监督财产物资盘点而取得的审计证据

B. 审计人员观察被审计单位经济业务执行情况所取得的审计证据

C. 被审计单位提供的其他单位填制的发票、收据、对账单等

D. 银行询证函回函

12. 对存货的监盘结果只能证明存货是否存在，是否毁损、短缺，却不能证明存货的计价是否正确和所有权归属问题，对这一点的审计证据鉴定的根据是（　　）。

A. 鉴定审计证据的客观性　　B. 鉴定审计证据的可靠性

C. 鉴定审计证据的合法性　　D. 鉴定审计证据的相关性

13. 用作审计证据的事实凭据和资料必须与审计目标和应证事项之间存在一定的逻辑关系，这称为审计证据的（　　）。

A. 客观性　　B. 相关性　　C. 合法性　　D. 经济性

14. 审计证据的数量要达到能“胜过合理的怀疑”这样一种程度，这就是（　　）。

A. 审计证据的真实性　　B. 审计证据的重要性

C. 审计证据的充分性和适当性　　D. 审计证据的可信性

15. 有时审计人员不得不放弃“理想的审计证据”而代之以质量较差但仍可使用的证据，这是（　　）。

A. 审计证据的重要性　　B. 审计证据的充分性

C. 审计证据的可信性　　D. 审计证据的经济性

二、多项选择题

1. 审计标准的特征有（　　）。

A. 层次性　　B. 时效性　　C. 客观性　　D. 地域性

E. 相关性

2. 在选用适当的审计标准时，应当考虑的因素有（　　）。

A. 审计标准的相关性　　B. 审计标准的客观性

C. 审计标准的准确性　　D. 审计标准的公认性

E. 审计标准的适用性

3. 按审计证据的表现形态分类，可以分为（　　）。

A. 自然证据　　B. 实物证据　　C. 书面证据　　D. 口头证据

E. 环境证据

4. 按审计标准的性质和内容分类，审计标准可分为（　　）。

A. 法律、法规和规章制度　　B. 内部制定的审计标准

C. 外部制定的审计标准　　D. 预算、计划、合同

E. 业务规范、技术经济标准

5. 审计过程中审计人员通过实地监督盘点固定资产取得的固定资产盘点表属于（　　）。

A. 书面证据　　B. 实物证据　　C. 环境证据　　D. 亲历证据

E. 外部证据

6. 下列关于审计质量特征的表述中，正确的是（　　）。

A. 审计证据的质量特征包括适当性和充分性
B. 审计证据的适当性可体现为审计证据是否具有相关性和可靠性
C. 审计证据的充分性是对审计证据质量的衡量
D. 只有充分且适当的审计证据才是有证明力的
E. 适当性是对审计证据数量的衡量

7. 下列审计证据中属于审计人员亲历证据的有（　　）。
A. 审计人员编制的应收账款账龄分析表
B. 审计人员取得的被审计单位的租赁合同
C. 审计人员复制的被审计单位的销售发票
D. 审计人员从被审查账簿中摘录的资料
E. 审计人员动手编制的银行存款余额调节表

8. 下列关于实物证据的说法中正确的有（　　）。
A. 实物证据是指以实物存在并以其外部特征和内在本质证明审计事项的证据
B. 实物证据通常包括固定资产、存货、有价证券和现金等
C. 实物证据是通过实际观察或盘点取得的，用以确定实物资产的存在性
D. 实物证据对于证明实物资产是否存在具有较强的证明力
E. 实物证据可证明资产的所有权归属、资产的质量和分类

9. 下列关于审计人员鉴定审计证据可靠性的说法中，正确的有（　　）。
A. 对实物证据，不仅要核实数量，还应关注质量
B. 对书面证据，不仅要核对金额，还应判别真伪
C. 对口头证据，要分析提供者的陈述是否真实
D. 针对一项具体审计目标可以从不同来源获取审计证据或者获取不同形式的审计证据
E. 良好内部控制环境下产生的证据更可靠

10. 下列各项中，属于环境证据的有（　　）。
A. 被审计单位的地理位置　　B. 被审计单位内部控制的状况
C. 被审计单位管理层的人员素质　　D. 被审计单位的凭证、账簿及报表等
E. 被审计单位的大额销售合同

11. 下列关于审计证据的可靠性的标准判断叙述中，错误的有（　　）。
A. 审计人员间接获取的或推论得出的审计证据比直接获取的审计证据更为可靠
B. 经过加工汇总的业务凭证比直接产生于经济活动的业务凭证更为可靠
C. 从被审计单位外部取得的证据比从内部取得的证据更为可靠
D. 原件形式的审计证据比从复制件形式的审计证据更可靠
E. 以文件记录形式存在的审计证据比口头形式的审计证据更为可靠

12. 按审计标准的性质和内容分类，审计标准可分为（　　）。
A. 法律、法规和规章制度　　B. 内部制定的审计标准
C. 外部制定的审计标准　　D. 预算、计划、合同
E. 业务规范、技术经济标准

13. 审计人员应根据审计目的，从审计事项实际出发，选用充分的审计证据，其考虑的影响因素有（　　）。

A. 审计风险
B. 注册会计师的审计经验
C. 审计过程中是否发现错误和舞弊
D. 被审计项目的重要程度
E. 审计证据的质量

14. 审计工作底稿的主要作用有（　）。
A. 有利于组织协调审计工作
B. 有利于控制审计工作质量
C. 有利于考核审计人员工作业绩
D. 便于编制、作证和解释审计报告
E. 便于制订以后各期的审计计划

三、简答题

1. 什么是审计标准？怎样进行分类？

2. 什么是审计证据？审计证据的特点是什么？

3. 审计证据的可靠性应怎样理解？

4. 简述审计工作底稿的分类。

四、分析题

L 注册会计师在对 A 公司 2016 年度财务报表进行审计时，收集到以下六组审计证据：

（1）收料单与购货发票；

（2）销货发票副本与产品出库单；

（3）领料单与材料成本计算表；

（4）工资计算单与工资发放单；

（5）存货盘点表与存货监盘记录；

（6）银行询证函回函与银行对账单。

【要求】请分别说明每组审计证据中哪项审计证据较为可靠，并简要说明理由。

第八章　针对风险评估与应对、内部控制的评审

一、单项选择题

1. 下列各项中，不属于内部控制调查方法的是（　　）。

A. 查阅被审计单位的各项管理制度和相关文件

B. 询问被审计单位的管理人员和其他相关人员

C. 检查内部控制过程中生成的文件和记录

D. 审查财务报表项目余额

2. 企业及时识别、系统分析经营活动中与实现内部控制目标相关的风险，合理确定风险应对策略，属于内部控制要素中的（　　）。

A. 控制环境　　B. 风险评估

C. 控制活动　　D. 对控制的监督

3. 在一个设计适当的内部控制系统中，同一名职员可以负责（　　）。

A. 接受保管现金，并登记现金日记账

B. 接受和保管支票，并批准注销客户的应收账款

C. 保管空白支票和银行预留印鉴

D. 批准付款与签发支票

4. 经过对内部控制初步评价，如果认为内部控制设计不合理，决定不依赖某项内部控制的，审计人员可以（　　）。

A. 转入内部控制测试阶段　　B. 提高控制风险评估水平

C. 提高固有风险评估水平　　D. 直接进行实质性审查

5. 下列属于内部控制测试的范围的制约因素的是（　　）。

A. 审计目标　　B. 审计效率　　C. 实质性测试　　D. 评估风险

6. 实现内部控制目标的手段是设计和执行控制政策及程序。根据 COSO 发布的内部控制框架，内部控制包括的要素是（　　）。

A. 控制环境、风险评估过程、信息系统与沟通、控制活动、控制结构

B. 控制环境、控制活动、控制结构、控制设计、控制执行

C. 风险评估过程、信息系统与沟通、对控制的监督、控制环境、控制结构

D. 风险评估过程、对控制的监督、信息系统与沟通、控制活动、控制环境

7. 下列有关控制环境的说法中，错误的是（　　）。

A. 财务报表层次的重大错报风险很可能源于薄弱的控制环境

B. 有效的控制环境可以使注册会计师增强对内部控制和被审计单位内部产生的证据的信赖程度

C. 控制环境的缺陷不会影响期中获得的审计证据的可信赖程度

D. 良好的控制环境是其他控制要素发挥作用的基础

8. 下列不属于确定实质性审查重点领域应考虑的领域是（　　）。

A. 缺少内部控制的重要业务领域

B. 内部控制设置不合理、控制目标不能实现的领域

C. 内部控制没有发挥作用的领域

D. 内部控制能够防止重大错报

9. 下列有关风险评估的理解中，不正确的是（　　）。

A. 了解被审计单位及其环境能够为注册会计师做出职业判断提供重要基础，但并非必要程序

B. 风险评估为确定重要性水平提供了重要的基础，并随着审计工作的进程评估对重要性水平的判断是否仍然适当

C. 评价对被审计单位及其环境了解的程度是否恰当，关键是看注册会计师对被审计单位及其环境的了解是否足以识别和评估财务报表的重大错报风险

D. 注册会计师对被审计单位及其环境了解的程度，要低于管理层为经营管理企业而对被审计单位及其环境需要了解的程度

10. 下列关于了解被审计单位性质的说法中，正确的是（　　）。

A. 对被审计单位的组织结构的了解有助于注册会计师识别关联方关系并了解被审计单位的决策过程

B. 了解被审计单位组织结构的目的是考虑复杂组织结构可能导致的重大错报风险，包括财务报表合并、商誉减值以及长期股权投资核算等问题

C. 了解被审计单位投资活动，有助于注册会计师识别预期在财务报表中反映的主要交易类别、重要账户余额和列报

D. 了解被审计单位经营活动，有助于注册会计师关注被审计单位在经营策略和方向上的重大变化

11. A 注册会计师负责审计甲公司 2016 年财务报表，下列情形中，最有可能导致 A 注册会计师不能执行财务报表审计的是（　　）。

A. 甲公司管理层没有清晰区分内部控制要素

B. 甲公司管理层没有根据变化的情况修改相关的内部控制

C. 甲公司管理层凌驾于内部控制之上

D. A 注册会计师对甲公司管理层的诚信存在严重疑虑

12. 注册会计师在实施控制测试时通常使用的审计程序不包括（　　）。

A. 询问　　B. 观察　　C. 重新执行　　D. 分析程序

13. 在确定控制测试的范围时，注册会计师的说法不正确的是（　　）。

A. 如果风险评估时对控制运行有效性的拟信赖程度较高，通常应当考虑扩大实施控制测试的范围

B. 控制执行的频率越高，控制测试的范围越大

C. 对于一项持续有效运行的自动化控制，通常应当考虑扩大实施控制测试的范围
D. 当针对其他控制获取审计证据的充分性和适当性较高时，测试该控制的范围可适当缩小

二、多项选择题

1. 下列选项中，属于注册会计师需要了解的被审计单位行业状况的内容的有（　　）。
A. 所处行业的市场需求、生产能力和价格竞争
B. 与产品相关的生产技术
C. 总体经济情况
D. 融资的可获得性
E. 行业利用新技术水平
2. 下列导致控制失效的原因中，属于内部控制固有局限性的有（　　）。
A. 信息技术出现故障
B. 人员素质不适应岗位要求
C. 出现未预计到的业务
D. 控制可能由于两个或更多的人员串通而被规避
E. 沟通不及时
3. 下列有关控制环境的说法中，正确的有（　　）。
A. 控制环境本身能防止或发现并纠正认定层次的重大错报
B. 控制环境的好坏影响注册会计师对财务报表层次重大错报风险的评估
C. 控制环境影响被审计单位内部生成的审计证据的可信赖程度
D. 控制环境影响实质性程序的性质、时间安排和范围
4. 下列有关控制环境的说法中，正确的有（　　）。
A. 在审计业务承接阶段，注册会计师无须了解和评价控制环境
B. 在实施风险评估程序时，注册会计师需要对控制环境的构成要素获取足够了解，并考虑内部控制的实质及其综合效果
C. 在进行风险评估时，如果注册会计师认为被审计单位的控制环境薄弱，则很难认定某一流程的控制是有效的
D. 在评估重大错报风险时，注册会计师应当将控制环境连同其他内部控制要素产生的影响一并考虑
E. 不能随环境的变化而做出相应的调整及调整的过程均可能导致经营风险
5. 下列选项中，通常导致财务报表层次重大错报风险的有（　　）。
A. 管理层舞弊　　B. 出纳舞弊
C. 赊销金额超过授权　　D. 未实施恰当的职责分离
E. 所有的经营风险都会导致重大错报风险
6. 审计人员记录或描述被审计单位内部控制的方法有（　　）。
A. 逻辑模型法　　B. 中间表法　　C. 文字说明法　　D. 流程图法
E. 调查表法
7. 审计人员在进行内部控制测试时，可选取的方法有（　　）。

A. 检查一定数量的账表、凭证等，检查其是否存在控制措施线索
B. 询问出纳员以确定未经授权人员是否曾经被允许接近保险柜
C. 按照被审计单位所规定的内部控制程序，选择若干笔业务独立地重新操作一遍
D. 前往材料仓库，查看材料到达是否经过严格检查以确定控制措施是否切实得到执行
E. 追踪一笔或躲避交易过程以了解相关控制环节

8. 在凭证与记录的控制过程中，建立严格的凭证制度要求（　　）。
A. 凭证种类要齐全　　B. 凭证内容要完整
C. 凭证要预先连续编号　　D. 所有凭证都要由会计人员填制
E. 空白收据和支票等凭证要由专人负责

9. 下列各项中，属于控制活动中实物控制的有（　　）。
A. 建造抗震、防潮的仓库　　B. 建立物资的专人负责保管制度
C. 建立严格的簿记制度　　D. 定期或不定期的财产清查盘点
E. 加强企业护卫人员的巡视

10. 下列关于内部控制测试的说法中，正确的有（　　）。
A. 监盘是内部控制测试的常用方法之一
B. 通过内部控制测试以评价内部控制的可信赖程度
C. 内部控制测试在审计实施阶段进行
D. 内部控制测试在实质性审查之后进行
E. 任何审计项目都要进行内部控制测试

11. 在对内部控制进行初步评价并进行风险评估后，注册会计师对控制的评价结论可能是（　　）。
A. 控制本身的设计是合理的，但没有得到执行
B. 控制本身的设计就是无效的或缺乏必要的控制
C. 控制本身的设计是不合理的，但得到了执行
D. 所设计的控制单独或连同其他控制能够防止或发现并纠正重大错报，并得到执行
E. 控制本身的设计是合理的，得到执行

12. 下列有关识别、评估重大错报风险的说法中，正确的有（　　）。
A. 注册会计师应当将识别的重大错报风险与特定的某类交易、账户余额和披露的认定相联系
B. 在识别和评估重大错报风险时，注册会计师应当考虑发生错报的可能性以及潜在错报的重大程度
C. 某些重大错报风险可能与财务报表整体广泛相关，进而影响多项认定
D. 在评估重大错报风险时，注册会计师应当将所了解的控制与特定认定相联系
E. 评估重大错报风险，是一个连续和动态的收集、更新与分析信息的过程，贯穿于整个审计过程的始终

13. 关于进一步审计程序的范围的说法中，正确的有（　　）。
A. 进一步审计程序的范围包括控制测试和实质性程序的范围
B. 重要性水平和进一步审计程序的范围成正比

C. 评估的重大错报风险水平和进一步审计程序的范围成正比
D. 计划获取的保证程度和进一步审计程序的范围成正比
E. 与特定风险的相关性成正比

14. 在测试内部控制的运行有效性时，注册会计师应当获取的审计证据有（　　）。
A. 控制是否存在
B. 控制在所审计期间相关时点是如何运行的
C. 控制是否得到一贯执行
D. 控制由谁执行
E. 控制是否有效

15. 下列有关了解内部控制的相关说法中，注册会计师认可的是（　　）。
A. 注册会计师应该了解被审计单位所有的内部控制
B. 注册会计师应当了解被审计单位是否已建立风险评估过程，如果被审计单位已建立风险评估过程，注册会计师应当了解风险评估过程及其结果
C. 内部控制包括下列要素：控制环境、风险评估控制活动、信息系统与沟通、监督
D. 在了解被审计单位控制活动时，注册会计师无须了解被审计单位如何应对信息技术导致的风险
E. 注册会计师可以考虑在评价控制设计和获取其得到执行的审计证据的同时测试控制运行有效性，以提高审计效率

16. 在确定实质性程序的范围时，下列说法中正确的有（　　）。
A. 要根据评估的认定层次重大错报风险和实施控制测试的结果，来确定实质性程序的范围
B. 在设计细节测试时，注册会计师只需要考虑样本量就能确定实质性程序测试范围
C. 可容忍偏差越大，作为实质性分析程序一部分的进一步调查的范围就越大
D. 如果将特定重大账户重大错报的风险评估为低水平，且控制测试支持这一评估结果，则不实施实质性程序
E. 如果测试控制运行的有效性远远达不到注册会计师进行风险评估时了解内部控制预期的有效性，则应当扩大实质性程序的范围

17. 下列有关控制测试程序的说法中，错误的有（　　）。
A. 注册会计师应当将观察与其他审计程序结合使用
B. 检查程序适用于所有控制测试
C. 重新执行程序适用于所有控制测试
D. 通常只有当询问、观察和检查程序结合在一起仍无法获得充分的证据时，注册会计师才考虑实施重新执行程序
E. 如果认为仅通过实质性程序无法将认定层次的检查风险降至可接受的水平，注册会计师应当了解和评估相关的控制活动

三、简答题

1. 什么是重大错报风险？

2. 什么是内部控制？包含哪些要素？

3. 什么是控制测试，控制测试的方法有哪些？

四、分析题

1. 2016 年 3 月，某市审计局派出审计组对某重点国有企业 2016 年度财务收支进行审计。有关审计情况和资料如下：

审计组调查该企业的内部控制情况后，认为内部控制较为健全合理，准备依赖内部控制进行审计，并据此将控制风险评估为低水平。同时按照该企业 2014 年度税后利润的 10% 确定重要性水平为 90 万元。审计组仅根据确定的控制风险水平和重要性水平编制了审计实施方案，确定了实质性审查的范围和重点。

在现场进行实质性审查中，审计组发现该企业内部控制并不是十分有效，原来评估的控制风险水平偏低，应该定为中等水平，而且审计实施方案也应该进行相应调整。鉴于审计实施方案已经制定，审计组决定不修改书面的审计实施方案，但在现场审计中，每个审计人员调整了实质性审查的范围和重点。要求根据上述资料，从下列问题的备选答案中选出正确答案。

（1）关于审计组对控制风险进行的评估，下列说法中正确的有（　　）。

A. 审计组在评估控制风险水平之后，还应根据固有风险和控制风险的综合水平确定可接受的检查风险水平

B. 审计组在最初评估控制风险时，应当遵守谨慎原则，将控制风险直接评估为中或高水平

C. 在现场进行实质性审查前，审计组除关注内部控制的健全性外，还应关注内部控制的有效性

D. 审计组在对内部控制进行初步评价的基础上，还应进一步进行内部控制测试

（2）如果审计组在审计实施阶段仍采用原来估计的较低的控制风险水平，可能产生的影响有（　　）。

A. 审计人员没有执行足够的实质性审查

B. 审计人员执行过多的实质性审查

C. 审计结论错误的可能性增大

D. 审计效率降低

2. 昌运锅炉厂有以下一些工作：

（1）批准物资采购的工作；

（2）执行物资采购的工作；

（3）对采购的物资进行验收的工作；

（4）物资保管和发放的工作；

（5）物资保管账的记录工作；

（6）物资明细账的记录工作；

（7）物资总分类账的记录工作；

（8）物资的定期清查工作；

（9）物资的账实核对工作；

（10）物资明细账和总账的核对工作。

【要求】

分析该厂上述工作中，哪些是不相容职务，并说明理由。

第九章　销售与收款循环审计

一、单项选择题

1. 在以下销售与收款授权审批关键点控制中你认为未做到恰当控制的是（　　）。

A. 在销售发生之前，赊销已经正确审批

B. 未经赊销批准的销货一律不准发货

C. 销售价格、销售条件、运费、折扣由销售人员根据客户情况进行谈判

D. 对于超过既定销售政策和信用政策规定范围的特殊销售业务，某公司采用集体决策方式

2. 检查开具发票日期、记账日期、发货日期（　　）是主营业务收入截止测试的关键所在。

A. 是否归属于同一适当的会计期间　　B. 是否临近

C. 是否在同一天　　D. 相距是否不超过 30 天

3. 审计人员在运用销售与收款循环中的各种凭证时应注意，商品价目表对于主营业务收入来说一般只能证明（　　）认定，而不能证明其他认定。

A. 发生　　B. 准确性　　C. 完整性　　D. 权利和义务

4. 循环审计方法相对于分项审计方法的最大优点是（　　）。

A. 按业务循环去了解内部控制、测试内部控制，同时将特定业务循环所涉及的会计报表项目分配给一个或数个审计人员能够提高审计效率和效果

B. 便于进行内部控制测试

C. 便于进行实质性测试

D. 便于结合会计报表项目

5. 正确的授权审批是销货业务中重要的内部控制措施。审计人员应当关注以下四个关键点上的审批程序。其中，（　　）的目的是防止因审批人决策失误而造成严重损失。

A. 在销货发生之前，赊销经正确批准

B. 非经正当审批，不得发出实物

C. 销售价格、条件、运费、折扣必须经过审批

D. 审批应在授权范围内进行，不得超越审批权限

6. 审查应收账款的最重要的实质性程序是（　　）。

A. 函证　　B. 询问　　C. 观察　　D. 计算

7. 适当的职责分离有助于防止各种有意的或无意的错误，以下的表述中进行了适当的职责分离的是（　　）。

A. 负责应收账款记账的职员负责编制银行存款余额调节表
B. 授权开具销售发票的人员同时记录销售
C. 在销售合同订立前，由专人就销售价格、信用政策、发货及收款方式等具体事项与客户进行谈判
D. 应收票据的取得、贴现和保管由某一会计专门负责

8. 为证实所有销售交易均已登记入账，审计人员在执行审计程序时，常用的交易实质性程序是（　　）。
A. 检查证明销售交易分类正确的原始证据
B. 将发运凭证与相关的销售发票和主营业务收入明细账及应收账款明细账中的分录进行核对
C. 追查主营业务收入明细账中的分录至销售单、销售发票副联及发运凭证
D. 追查主营业务收入明细账中的分录至销售单中的赊销审批和发运审批

9. 如果审计人员怀疑被审计单位可能存在向虚构的顾客发货并作为销售业务入账，则应执行的最有效的交易实质性程序是（　　）。
A. 复核主营业务收入总账、明细账以及应收账款明细账中的大额或异常项目
B. 将主营业务收入明细账同销售单中的赊销审批和发运审批核对
C. 将发运凭证与存货永续盘存记录中的发运记录核对
D. 检查发运凭证与相关的销售发票至主营业务收入明细账及应收账款明细账

10. 审计人员通过编制或索取应收账款账龄分析表来分析应收账款账龄以便了解（　　）。
A. 坏账准备的计提充分性　　B. 赊销业务的审批情况
C. 应收账款的可收回性　　D. 应收账款的估价

11. 审计人员为了审查被审计单位是否有提前确认收入的情况，所采取的最有效的审计程序是（　　）。
A. 以账簿记录为起点做销售业务的截止测试
B. 以销售发票为起点做销售业务的截止测试
C. 以发运凭证为起点做销售业务的截止测试
D. 向债务人函证

12. 审计人员在对被审计单位营业收入进行审计时，运用了实质性分析程序，即将本期与上期的主营业务收入进行比较，主要是为了实现（　　）。
A. 是否符合被审计单位季节性、周期性的经营规律，并查明异常现象和重大波动原因
B. 分析产品销售的结构和价格的变动是否正常，并分析异常变动原因
C. 注意收入与成本是否配比，并查清重大波动和异常情况的原因
D. 分析销售业务的分类是否正确

13. 下列各项中，不属于应收票据实质性测试的审计目标的是（　　）。
A. 确定应收票据的内部控制是否存在、有效且得到一贯遵循
B. 确定应收票据是否存在、完整和归被审计单位所有
C. 确定应收票据年末余额是否正确
D. 确定应收票据在会计报表上的披露是否恰当

14. 审计人员在编制应收账款账龄分析表时，下列做法不恰当的是（　　）。

A. 选择重要的顾客及其余额列示，对不重要的或余额较小的不用列示

B. 应收账款账龄分析表可以由被审计单位编制，审计人员测试其计算的准确性

C. 将应收账款账龄分析表中的合计数与应收账款总分类账余额相比较，并调查重大调节项目

D. 检查原始凭证，如销售发票、运输记录等，测试账龄核算的准确性

15. 被审计单位管理人员、附属公司所欠款项应与客户的欠款分开记录，是被审计单位确保其关于应收账款（　　）认定的重要方法。

A. 存在　　B. 完整性　　C. 权利与义务　　D. 分类和可理解性

16. 如果大额逾期的应收账款经第二次函证仍未收到回函，审计人员应当执行的审计程序是（　　）。

A. 增加对应收账款的实质性测试

B. 提请被审计单位增列坏账准备

C. 审查应收账款明细账

D. 审查客户订货单、销售发票及产品出库单

17. 审计人员在对被审计单位销售与收款循环中的销售交易进行测试时，一般会偏重于检查高估资产和收入的问题，那么为了实现发生或存在目标，所实施的实质性程序是（　　）。

A. 以发运凭证为起点，选取样本追查至销售发票存根和主营业务收入等明细账

B. 可以由发运凭证为起点顺查，也可以以主营业务收入等明细账为起点逆查

C. 以主营业务收入等明细账为起点追查至销售发票存根、发运凭证等原始凭证

D. 核对主营业务收入明细账金额和应收账款明细账金额

18. 被审计单位销售时采用了现金折扣的方式，如果购货方实际享受了现金折扣，被审计单位对现金折扣应作的正确会计处理是（　　）。

A. 冲减当期主营业务收入　　B. 增加当期财务费用

C. 增加当期主营业务成本　　D. 增加当期销售费用

19. 在对特定会计期间主营业务收入进行审计时，审计人员应重点关注的与被审计单位主营业务收入确认没有密切关系的日期是（　　）。

A. 销售截止测试实施日期　　B. 发票开具日期或者收款日期

C. 记账日期　　D. 发货日期或提供劳务日期

20. 在确定函证时间时，以下方案中，不应选取的是（　　）。

A. 因 A 公司重大错报风险低，在预审时函证

B. 在年终对存货监盘的同时，对应收款项进行函证

C. 项目小组进驻审计现场后，立即进行函证

D. 为减少函证回函差异，在执行其他审计程序后函证

21. 以下与回函结果相关的审计建议中，正确的是（　　）。

A. 对由于地址不详导致询证函退回的应收款项，全额计提坏账准备

B. 对函证结果相符的应收款项，仍应进一步检查是否需按个别认定法计提坏账准备

C. 对回函金额与函证金额不一致的应收款项，根据回函金额调整应收款项

D. 对已经审计确认，但在审计报告日后回函不符，且影响重大的应收款项，提请

修正报告期财务报表

22. 对通过函证无法证实的应收账款，审计人员应当执行的最有效的审计程序是（　　）。

A. 重新测试相关的内部控制

B. 抽查有关原始凭据，如销售合同、销售订单、销售发票副本及发运凭证等

C. 实施实质性程序

D. 审查资产负债表日后的收款情况

23. 在对询证函的以下处理方法中，不恰当的是（　　）。

A. 将询证函以被审计单位的名义发出，可交由被审计单位填写，然后由审计人员亲自寄发

B. 审计人员认为对方会认真对待询证函的，采用消极式函证方式

C. 审计人员应在函证时，对某一账户 50 万元的应收账款，在函证中故意多写为 80 万元

D. 审计人员先根据 10 封询证函的传真件回函得出相应的审计结论，还要求被询证者将原件盖章后寄至会计师事务所

24. 下列各项中，预防员工贪污、挪用销货款的最有效的方法是（　　）。

A. 记录应收账款明细账的人员不得兼任出纳

B. 收取顾客支票与收取顾客现金由不同人员担任

C. 请顾客将货款直接汇入公司所指定的银行账户

D. 公司收到顾客支票后立即寄送收据给顾客

二、多项选择题

1. 审计人员对销售与收款业务内部控制制度是否健全、各项规定是否得利有效执行时，其测试的重要环节包括（　　）。

A. 检查是否存在销售与收款业务不相容职务混岗的现象

B. 检查授权批准手续是否健全，是否存在越权审批行为

C. 检查信用政策、销售政策的执行是否符合规定

D. 检查销售退回手续是否齐全、退回货物是否及时入库

2. 为有效防止漏记账单的情况发生，企业在收到顾客订货单之后，立即编制一份预先编号、一式多联的销售单，分别用于（　　）等方面。在这种制度下，漏记账单的情形就较少发生。

A. 批准赊销　　B. 批准发货　　C. 记录发货数量　　D. 向顾客开具账单

3. 在证实登记入账的销售是否真实这一目标而进行的实质性测试时，注册会计师一般关心（　　）的错误。

A. 未曾发货却已登记入账　　B. 销货业务重复入账

C. 向虚构的顾客发货并登记入账　　D. 已经发货但未曾入账

4. 审计人员应特别关注被审计单位以下有关收款业务相关内部控制内容的有（　　）。

A. 单位应当按客户设置应收账款台账，及时登记每一客户应收账款余额变动情况和信用额度使用情况，对长期往来客户应当建立起完善的客户资料，并对客户资料

实行动态管理，及时更新

B. 单位对于可能成为坏账的应收账款应当报告有关决策机构，由其进行审查，确定是否确认为坏账，单位发生的各项坏账，应查明原因，明确责任，并在履行规定的审批程序后作出会计处理

C. 单位应当定期与往来客户通过函证等方式核对应收账款、应收票据、预收账款等往来款项。如有不符，应查明原因，及时处理

D. 单位应当建立应收账款账龄分析制度和逾期应收账款催收制度，财会部门应当负责应收账款的催收，对催收无效的逾期应收账款可通过法律程序予以解决

5. 以下与销售业务相关的内部控制中，你认可的是（　　）。

A. 开具账单的人员根据商品价目表的单价和发货凭证的数量开具销售发票，发货凭证留底，发票副联交财务部门记账

B. 会计部门记账前，根据销售发票的号码推算已开具的销售发票的张数，并与实际清点的张数核对一致

C. 开具发票后，连同由公司自行编制、连续编号、贴足邮票的汇款通知单交购货方，以便其实际付款时通过快件直接寄给公司财务部门不负责收款的人员

D. 每月由财务部门收取汇款通知单的人员向未付款的大额客户寄发月末顾客对账单

6. 在以下销售与收款授权审批关键点控制中，下列选项能够做到恰当控制的有（　　）。

A. 销售价格、销售条件、运费、折扣等必须经过审批

B. 审批人应当根据销售与收款授权批准制度，在授权范围内进行审批，不得超过审批权限

C. 在销售发生之前，赊销已经正确审批

D. 非经正当审批，不得发出货物

7. 销售与收款的内部控制所检查的主要内容包括（　　）。

A. 销售与收款交易相关岗位及人员的设置情况

B. 销售和收款的管理情况

C. 销售退回的管理情况

D. 销售与收款交易授权批准制度的执行情况

8. ABC 公司按销售合同约定常年向客户 Y 公司销售 A 商品，双方确认的销售价格为每件 1 000 元，发货的数量由 Y 公司电话通知 ABC 公司，每月月末结算货款，但运输方式没有具体商定。编制 2015 年度财务报表时，ABC 公司将 2015 年 12 月份发生的下列销售业务确认为营业收入，审计人员不能认可的有（　　）。

A. 12 月 8 日，向 Y 公司雇佣的物流公司发出 A 商品 2 000 件，但年底尚未运达

B. 12 月 28 日，Y 公司要求向火车站发运 1 500 件，预计于次月 5 日安排车皮运输

C. 12 月 30 日，由 ABC 公司运输车向 Y 公司发运 600 件，预计第二天可以到达

D. 12 月 6 日，ABC 公司雇佣运输公司承运 800 件，因发生车祸，全部毁损，但运输公司已按销售价格全部赔偿

9. 在审计人员对丙公司的主营业务收入所实施的以下审计程序中，可以证实丙公司管理层对其营业收入与列报相关认定是否正确的恰当程序有（　　）。

A. 检查集团内部的销售情况，记录其交易数量、价格、金额，并追查在编制合并报

表时是否予以抵消

B. 检查销售退回的产品是否已验收入库并登记入账，销售折让与折扣是否及时提交对方

C. 调查向关联方销售的情况，记录其交易的品质、数量、价格、金额以及占主营业务收入总额的比例，检查是否在财务报表附注中披露

D. 结合对决算日应收账款的函证程序，观察有无未经认可的巨额销售

10. 在主营业务收入的审计中，审计人员常用的分析程序有（　　）。

A. 将本期与上期的主营业务收入进行比较

B. 根据增值税发票申报表或普通发票，估算全年收入，与实际收入金额比较

C. 将本期重要产品的毛利率，与上期比较

D. 比较本期各月主营业务收入的波动情况

11. 下列（　　）情况下，审计人员应采用积极式的询证函。

A. 上年度的积极式函证回复率特别低

B. 少数几个大额账户占了应收账款总额的较大比重

C. 欠款余额较大的债务人

D. 被审计单位的内部控制有效

12. 在确定函证对象后，如果乙公司不同意对某函证对象进行函证，以下方案中，应选取的有（　　）。

A. 如果乙公司的要求合理，则应当实施替代审计程序

B. 如果乙公司的要求合理，且无法实施替代审计程序，则应视为审计范围受到限制

C. 如果乙公司的要求不合理，可以不实施替代审计程序，并将其视为审计范围受到限制

D. 如果乙公司的要求不合理，且无法实施替代审计程序，则应视为审计范围受到限制

13. 在对询证函的以下处理方法中，正确的有（　　）。

A. 在粘封询证函时对其统一编号，并将发出询证函的情况记录于审计工作底稿

B. 询证函经会计师事务所盖章后，由审计人员直接发出

C. 收回询证函后，将重要的回函复制给乙公司以帮助催收货款

D. 对以电子邮件方式回收的询证函，要求被询证单位将原件盖章后寄至会计师事务所

14. 对于被审计单位在被审计期间内发生的坏账损失，审计人员应检查（　　）。

A. 有无已做坏账处理后又重新收回的应收账款

B. 前后各期是否一致

C. 发生坏账损失的原因是否清楚

D. 有无授权批准

15. 审计人员收回的应收账款询证函存在差异，应当查明原因，有可能是登记入账的时间不同而产生的不符事项的有（　　）。

A. 债务人由于某种原因将货物退回，而被审计单位尚未收到

B. 债务人对收到的货物的数量、质量及价格等方面有异议而全部或部分拒付货款

C. 询证函发出时，债务人已经付款，而被审计单位尚未收到货款

D. 询证函发出时，被审计单位的货物已经发出并已做销售记录，但货物仍在途中，债务人尚未收到货物

16. 审计人员在决定函证数量时，在下列情况中，应增加函证数量及范围的有（　　）。

A. 应收账款账户的重要性水平较高

B. 应收账款在全部资产中所占比重较大

C. 相关的内部控制是有效的

D. 相关的内部控制是无效的

三、判断题

1. 审计人员应当将应收账款询证函回函作为审计证据，纳入审计工作底稿管理，询证函回函的所有权归所在会计师事务所。（　　）

2. 应收账款询证函的寄发和收回均应由注册会计师直接控制。（　　）

3. 在审查其他应收款时，通常无须实施函证程序。（　　）

4. 应收票据的贴现，须经保管票据的有关人员的书面批准。（　　）

5. 对于应收账款项目来说，函证是其最为主要的、不可替代的审计程序。（　　）

四、简答题

1. 填表回答销售与收款循环中的主要业务活动、主要的凭证与记录，以及它们之间的对应关系。

主要业务活动	对应的凭证及记录
接受顾客订单	
批准赊销信用	
按销售单供货	
按销售单装运货物	
向顾客开具账单	
记录销售	
办理和记录现金及银行存款收入	
办理和记录销货退回及折扣折让	
注销坏账	

2. 审计人员在审查应收账款时，可能未得到被审计单位个别债务人对积极式询证函的答复，请回答：

（1）未得到询证函的可能原因有哪些？

（2）若第二次询证函仍未得到答复，审计人员应如何进一步审计？

3. 在确定应收账款的函证方式时，审计人员通常在哪些情况下不应采用消极式？

4. ××会计师事务所注册会计师王为、李华对C股份有限责任公司（上市公司）2004年度会计报表进行审计的过程中，获取的该公司2015年12月31日的相关会计记录资料如下（计量单位：万元）：

项目名称	金额
银行存款	5 000
短期投资	600
应收票据	12 000
应收账款（净额）	75 000
其他应收款	24 000
存货	84 000
固定资产（净额）	97 800
在建工程	26 300
应付账款	34 570
银行借款（抵押借款部分）	56 800
实收资本（内部职工及社会公众股）	18 000
资本公积	48 750
主营业务收入净额	675 000
主营业务利润	67 898
利息支出	5 464

【要求】请根据上述资料回答下列问题，并将答案填入答题卷的表格内。

（1）上述项目中适用函证程序的有哪些？

（2）接受函证的对象有哪些？

（3）函证的主要内容是什么？

（4）可以选用的函证方式是什么？

项目名称	接受函证对象	函证的主要内容	函证方式
（1）银行存款			
（2）应收票据			
（3）应收账款			
（4）其他应收款			
（5）应付账款			
（6）抵押借款			
（7）实收股本			

第十章　购货与付款循环的审计

一、单项选择题

1. 采购与付款业务循环中的退货或折让通知单是反映由于退货或折让而减少向供应商付款金额的凭证，用于反映是（　　）。

A. 应收账款的减少　　B. 应收账款的增加

C. 应付账款的减少　　D. 应付账款的增加

2. 在企业内部控制制度比较健全的情况下，下列可以证明有关采购交易的“发生”认定的凭据之一，同时也是采购交易轨迹的起点是（　　）。

A. 订购单　　B. 请购单　　C. 验收单　　D. 付款凭单

3. 下列不属于审计人员对被审计单位的采购与付款业务实施的控制测试的是（　　）。

A. 检查有无长期挂账的应付账款，注意其是否可能无需支付

B. 检查采购与付款业务授权批准手续是否健全，有无存在越权审批行为

C. 检查采购与付款业务相关岗位及人员设置情况，有无不相容职务混岗的现象

D. 检查凭证的登记、领用、传递、保管、注销手续是否健全，使用和保管制度是否存在漏洞

4. 下列属于付款交易的截止测试的是（　　）。

A. 确定期末最后签署的支票的号码，确保期后的支票支付未被当做本期的交易予以记录

B. 选择已记录采购的样本，检查相关的商品验收单，保证交易已记入正确的会计期间

C. 确定被审计单位期末用于识别未记录负债的程序，获取相关交易已记入应付账款的证据

D. 复核截至审计外勤结束日记录在期后的收款，查找其是否在年底前发生的证据

5. 审计人员在审计某企业应付账款时，发现应付某公司货款 200 万元，账龄 2 年以上但通过查阅凭证，询问被审计单位有关人员，未能取得证据证实其存在性。审计人员下一步应当（　　）。

A. 做出账实不符结论　　B. 向债权人进行询证

C. 核对会计报表　　D. 直接调整账项

6. 下列各项内部控制中相对来说有重大缺陷的是（　　）。

A. 固定资产支出预算由总经理批准

B. 固定资产管理中无具体的保养制度

C. 所有设备的购买均由使用设备部门自行办理采购、付款、管理
D. 对固定资产未投保险

7. 应付账款审计工作底稿中显示的以下准备实施的审计程序中，不恰当的是（　　）。
A. 由于函证应付账款不能保证查出未记录的应付账款，因此决定不实施函证程序
B. 由于应付账款控制风险较高，决定仍实施应付账款的函证程序
C. 由于正常情况下应付账款很少被高估，因此应付账款一般不需要函证
D. 由于应付账款容易被漏记，应对其进行函证

8. 审计人员如果对应付账款进行函证，通常采用的函证方式为（　　）。
A. 积极式　　B. 消极式
C. 积极式和消极式的结合　　D. 积极式或消极式均可

9. 审计人员对实存于企业的固定资产，收集查阅了契约、产权证明书、财产税单等有关凭证文件，其目的是为了证实（　　）。
A. 固定资产的存在性　　B. 固定资产的所有权
C. 固定资产折旧计算的准确性　　D. 固定资产的完整性

10. 下列企业会计处理中不正确的是（　　）。
A. 已达到预定可使用状态的固定资产，无论是否交付使用，尚未办理竣工决算的，应当按照估计价值确认为固定资产，并计提折旧；待办理了竣工决算手续后，再按实际成本调整原来的暂估价值，同时调整原已计提的折旧额
B. 处于修理、更新改造过程而停止使用的固定资产，符合固定资产确认条件的，应当转入在建工程，停止计提折旧；不符合确认条件的，不应转入在建工程，照提折旧
C. 持有待售的固定资产，不计提折旧，也不需要进行减值测试
D. 固定资产发生的更新改造支出等，符合固定资产确认条件的，应当计入固定资产成本，同时将被替换部分的账面价值扣除

11. 下列有关固定资产审计程序的表述中，审计人员认为不恰当的是（　　）。
A. 对已交付使用但尚未办理竣工决算手续的固定资产，审计人员应检查其是否以暂估价值入账并计提折旧
B. 实施实地观察审计程序时，审计人员可以以固定资产明细账为起点进行追查
C. 审计人员实地观察固定资产的重点应放在当期增加和减少的固定资产
D. 审计固定资产减少的目的在于查明已减少的固定资产是否已做相应的会计处理

12. 下列各审计程序中，验证应付账款完整性最无效的测试程序是（　　）。
A. 执行购货业务的截止测试　　B. 函证应付账款
C. 查找未入账的应付账款　　D. 取得应付账款明细账，并与总账核对

二、多项选择题

1. 根据内部控制不相容职务分离的要求，下列职责应相互独立的有（　　）。
A. 提出采购申请与批准采购申请　　B. 批准采购申请与采购
C. 采购与验收　　D. 验收与付款
E. 存货保管与发出

2. 被审计单位进行购货与付款循环审计所涉及的重要凭证和账簿应包括（　　）。

A. 卖方发票及验收单　　B. 请购单和订购单

C. 应付账款明细账　　D. 银行存款日记账

E. 债权方对账单和库存现金日记账

3. 下列各项控制程序中，能够保证已发生的采购业务均已记录的有（　　）。

A. 请购单均经事先编号并已登记入账

B. 订货单均经事先编号并已登记入账

C. 验收单均经事先编号并已登记入账

D. 对购货发票、验收单、订货单和请购单进行内部核查

4. 审计人员应获取、收集不同的证据以确定固定资产是否确实归于被审计单位所有，对于房地产类固定资产，需要查阅（　　）等书面文件。

A. 合同、产权证明　　B. 财产税单

C. 抵押借款的还款凭证　　D. 保险单

5. 在下列情况中，审计人员需要决定是否应通过函证供应商来证实被审计单位期末的应付余额的有（　　）。

A. 被审计单位对采购与付款交易的控制出现严重缺失

B. 被审计单位对采购与付款交易的记录被毁损

C. 审计人员怀疑存在舞弊情况

D. 被审计单位对采购与付款交易的会计记录在火灾或水灾中遗失

6. 审计人员对固定资产相关的内部控制进行测试时，应实施的审计程序有（　　）。

A. 验证新增固定资产的各种手续是否齐全

B. 索取固定资产验收报告，检查验收部门对新增固定资产的管理

C. 检查固定资产账、卡的设置情况

D. 分析比较各年度固定资产保险费，查明有无异常变动

E. 检查折旧额计算的正确性

7. 审计人员在验证被审计单位应付账款的截止是否正确时，以下审计策略中可以考虑的有（　　）。

A. 在实物盘点工作底稿中记录的最后一张存货验收单号码

B. 在对存货实地观察时获得的采购截止资料

C. 区分应付账款中的目的地交货和起运点交货

D. 向与被审计单位有购销往来的债务人寄送询证函

8. 审计人员在对被审计单位的应付账款进行审计时，一般应选择的函证对象有（　　）。

A. 较大金额的债权人

B. 所有的债权人

C. 在资产负债表日金额不大、甚至为零的债权人，而且不是企业重要供货人的债权人

D. 在资产负债表日金额不大、甚至为零，但为企业重要供货人的债权人

9. 审计人员在审计应付账款过程中，实施的审计程序对查找未入账应付账款有效的有（　　）。

A. 从供应商发票、验收报告或入库单追查至应付账款明细账

B. 检查资产负债表日后应付账款明细账贷方发生额的相关购货发票等凭证

C. 从财务部门获取被审计单位与其供应商之间的对账单并与应付账款进行核对

D. 针对资产负债表日后付款项目，检查银行对账单及有关付款凭证（如银行划款通知、供应商收据等）

10. 根据被审计单位实际情况，审计人员可以选择以下方法对应付账款执行实质性分析程序的有（　　）。

A. 将期末应付账款余额与期初余额进行比较，分析波动原因

B. 检查与应付账款有关的供应商发票、验收报告或入库单到账簿记录

C. 计算应付账款与存货的比率，应付账款与流动负债的比率，并与以前年度相关比率对比分析，评价应付账款整体的合理性

D. 分析长期挂账的应付账款，要求被审计单位做出解释，判断被审计单位是否缺乏偿债能力或利用应付账款隐瞒利润；并注意其是否可能无需支付，对确定无需支付的应付款的会计处理是否正确，依据是否充分

11. 下列各项中，审计人员认为需要对固定资产账面价值进行调整的有（　　）。

A. 对固定资产进行修理发生的费用

B. 对办公楼进行装修符合资本化的部分

C. 对融资租赁租入固定资产进行改良发生的费用

D. 计提固定资产减值准备

三、判断题

1. 因为多数舞弊企业在低估应付账款时，是以漏记赊购业务为主，所以函证对于寻找未入账的应付账款效果并不好。（　　）

2. 实施实地观察固定资产审计程序时，审计人员可以以固定资产明细账为起点，进行实地观察，以证明会计记录中所列的固定资产确实存在，并了解其目前的使用状况；也可以以实地为起点，追查至固定资产明细账，以证明实际存在的固定资产均已入账。（　　）

3. 即使某一应付账款明细账户年末余额为零，但若是重要债权人，注册会计师仍然可以将其列为函证对象。（　　）

4. 应付账款通常情况下不需要函证，如函证，最好采用消极式函证方式。（　　）

5. 尽管保险对保护企业资产的安全、完整非常重要，但固定资产的保险不属于企业内部控制的范围。（　　）

6. 固定资产折旧主要取决于企业的折旧政策，而政策选择是客观的，因此折旧是客观的，一般是不受人为的主观因素影响。（　　）

7. 审计人员在对固定资产进行实质性测试时，常常将固定资产的分类汇总表与累计折旧的分类汇总表合并编制。（　　）

8. 因更新改造而停止使用的固定资产应继续计提折旧，因大修理而停止使用的固定资产不应再提取折旧。（　　）

四、简答题

1. 简述固定资产控制测试的内容。

2. 简述应付账款分析程序的方法。

3. 简述固定资产分析程序的方法。

4. 简述各种途径固定资产增加审查的要点。

5. 简述固定资产减少审查的要点。

6. 简述累计折旧实质性程序的要点。

五、分析题

某审计人员正在对H公司的应付账款项目进行审计。根据需要，该审计人员决定对H公司表中的4个明细账户中的两个进行函证。

明细账户表

金额单位：人民币元

	应付账款年末余额	本年度供货总额
A公司	42 650	66 100
B公司	—	2 880 000
C公司	85 000	95 000
D公司	289 000	3 032 000

【要求】

该审计人员应选择哪两家供货公司进行函证？为什么？

假定上述四家公司均为H公司的购货人，表中后两栏分别是应收账款年末余额和本年度销货总额，该审计人员应选择哪两家公司进行函证？为什么？

第十一章　存货与仓储循环审计

一、单项选择题

1. 下列各项中，属于生产成本审计实质性测试程序的是（　　）。

A. 询问和观察存货的盘点及接触、审批程序

B. 审查有关凭证是否经过适当审批

C. 审查有关记账凭证是否附有顺序编号的原始凭证

D. 对成本项目进行分析性复核

2. 审计人员审查决算日前后产品入库单、验收单，发现产成品账面记录与原始凭证日期不符，决算日后验收产品记入决算日产成品账户，此项处理（　　）。

A. 将产成品延期入账　　B. 将产成品提前入账

C. 处理正确　　D. 导致利润虚减

3. 在采用分析性复核方法审查存货总体合理性时，审计人员常采用的指标是（　　）。

A. 毛利率　　B. 存货周转率

C. 成本利润率　　D. 产品成本差异率

4. 生产与存货循环过程形成的文件按业务顺序依次为（　　）。

A. 材料分配表、领料单、盘点表、成本计算单

B. 生产通知单、领料单、产量记录、费用分配表、成本计算单

C. 存货明细账、生产通知单、费用分配表、领料单

D. 生产计划、费用分配表、工时记录、成本计算单

5. 被审计单位存货内部控制目的之一是准确发货并恰当开票，以下控制程序哪一项最为无效（　　）。

A. 严格控制产品价格，只有经授权的销售人员可以调价

B. 由销售代理商核实订单数量、价格、总金额

C. 客户必须按照产品目录中的产品代码订货

D. 由销售人员与销售代理商核对产品数量、价格

6. 审计人员在企业存货的盘点工作中，应当（　　）。

A. 亲自进行独立的存货盘点

B. 参与企业盘点，并对盘点工作进行适当的观察和检查

C. 观察企业盘点，完全不必亲自盘点

D. 制订盘点计划，由企业进行盘点，将盘点结果汇入工作底稿

7. 下列选项中，抽查被审计单位日常盘点记录的目的是为了确定（　　）。

A. 存货价值真实性　　B. 存货内部控制有效性

C. 存货计价方法一致性　　D. 账实是否相符

8. 审计人员对被审计单位进行存货监盘可以达到的审计目标是（　　）。

A. 证实存货计价的合理性　　B. 证实存货账务处理的正确性

C. 证实存货采购成本的正确性　　D. 证实存货的存在性

9. 审查材料采购成本构成时，应检查其构成项目是否正确，以下项目中应计入材料采购成本的是（　　）。

A. 招待费　　B. 材料保管费用

C. 入库前整理费用　　D. 加班费

10. 负责产成品发出的部门是独立的（　　）部门。

A. 生产计划　　B. 销售　　C. 仓库　　D. 发运

二、多项选择题

1. 下列属于存货控制措施的有（　　）。

A. 限制非授权人员接近存货　　B. 请购单必须经过适当的授权批准

C. 定期盘点　　D. 生产计划的制订与审批相互独立

E. 存货保管与会计记录相互独立

2. 存货是指企业在生产经营过程中为销售或耗用而储存的各种资产，包括（　　）。

A. 产成品　　B. 半成品　　C. 原材料　　D. 包装物

3. 下列各项审计程序中，属于对生产与存货业务循环控制测试的有（　　）。

A. 实地观察仓库验收原材料的情况

B. 抽查领料凭证上反映的手续是否齐备

C. 编制存货跌价准备明细表，并与报表、总账和明细账核对

D. 计算毛利率并分析本期与上期有无明显变化

E. 抽查被审计单位若干月份盘点记录，检查盘点程序的合规性

4. 下列属于存货与仓储循环涉及的主要凭证与会计记录的是（　　）。

A. 生产指令　　B. 工时记录　　C. 成本计算单　　D. 销售发票

5. 审计时发现下列项目计入生产成本，属于违反规定的有（　　）。

A. 无形资产支出列入生产成本

B. 对外投资支出列入生产成本

C. 按车间人员工资提取的职工福利费

D. 罚款及被没收财物损失列入生产成本

E. 非常损失、赔偿金列入生产成本

6. 审计人员对某企业产品成本进行审计时发现该企业在产品成本中列支了如下内容，其中符合相关规定的有（　　）。

A. 给希望小学捐款 50 000 元

B. 向供货单位支付合同违约金 8 000 元

C. 结转制造费用 95 000 元

D. 因火灾造成的原材料损失费 85 000 元

E. 结转的辅助生产费用70 000元

7. 监督盘点存货过程中，审计人员采取的措施包括（　　）。

A. 参与盘点计划制订　　B. 抽查盘点记录

C. 现场监督　　D. 验证明细账

E. 查验存货质量

8. 审计人员在对该公司生产与存货循环内部控制进行测试的过程中，可以采取的措施有（　　）。

A. 编制存货余额明细表并与总账核对相符

B. 抽取部分存货出、入库业务，追踪检查其业务处理过程

C. 审查产品生产和成本管理制度的执行情况

D. 检查生产与存货管理各环节不相容职责的分离情况

E. 对存货进行监盘

9. 生产与存货循环过程主要经历了（　　）。

A. 根据订单或销售预测制订生产计划　　B. 由仓库部门审批存货报废

C. 根据生产通知单安排生产　　D. 财会部门进行成本核算

E. 产品销售出库进行永续盘存记录

10. 审计人员在抽查公司的存货盘点记录时，应重点关注的事项有（　　）。

A. 存货盘点的范围

B. 存货盘点结果与账面金额是否一致

C. 盘点工作是否影响生产经营的正常进行

D. 存货出库单有无销售部门主管批准的签字

E. 存货盘点的组织方式

11. 审计人员评价内部控制时，认为被审计单位以下部门应相互独立的有（　　）。

A. 存储部门与材料使用部门　　B. 生产计划制订与接受订单

C. 保管与会计记录　　D. 成本计算与复核

E. 保管与盘点检查

12. 生产业务审计目标包括（　　）。

A. 证实生产业务合法性　　B. 证实成本会计处理的正确性

C. 证实成本形成的合规性　　D. 证实成本计算正确性

E. 证实成本归属期准确性

13. 审计人员判断以下应列入材料采购成本的有（　　）。

A. 材料买价（不含增值税）　　B. 运杂费

C. 储存保管费　　D. 入库前加工整理费

E. 所付的关税

三、判断题

1. 尽管实施存货监盘，获取有关期末存货数量和状况的充分、适当的审计证据是审计人员的责任，但这并不能取代被审计单位管理层定期盘点存货，合理确定存货的数量和状况的责任。（　　）

2. 存货监盘针对的主要是存货的存在认定、完整性认定以及权利和义务的认定。存货监盘作为存货审计的一项核心审计程序，通常可同时实现上述多项审计目标。 （ ）

3. 存货监盘只能对期末结存数量和状况予以确认，为了验证财务报表上存货余额的真实性，还必须对存货的计价进行审计。 （ ）

4. 存货截止测试时，要关注所有在截止日期以前入库的存货项目是否均已包括在盘点范围内，并已反映在截止日以前的会计记录中。 （ ）

5. 注册会计师要事先通知被审计单位讨论存货抽点的范围，有利于抽查盘点的顺利进行。 （ ）

6. 计价审计的样本，应从存货数量已经盘点、单价和总金额已经计入存货汇总表的结存存货中选择。 （ ）

四、简答题

1. 简述生产与存货循环中的主要业务活动及主要凭证及记录。

2. 存货监盘计划制定之前应该执行哪些程序？

3. 如何进行生产与存货循环的控制测试？

4. 存货监盘计划包括哪些内容？

5. 如何进行存货监盘？

6. 如何进行存货计价测试？

五、分析题

甲公司是S会计师事务所的常年审计客户，A注册会计师是甲公司2016年度财务报表审计业务的项目合伙人。甲公司从事制造业，存货占其资产总额的比例很大，有一部分来料加工业务。根据以前年度审计的结果和风险评估的结果，A注册会计师认为甲公司有关存货的内部控制有效。A注册会计师计划于2016年12月31日实施存货监盘程序。A注册会计师编制的存货监盘计划部分内容摘录如下：

（1）在到达存货盘点现场后，监盘人员观察来料加工业务的原材料是否已经单独存放并予以标明，确定其未被纳入存货盘点范围。

（2）在甲公司开始盘点存货前，监盘人员和被审计单位沟通拟检查的范围，方便检查程序正常开展。

（3）对以标准规格包装箱包装的存货，监盘人员根据包装箱的数量及每箱的标准容量直接计算确定存货的数量。

（4）在和被审计单位沟通存货盘点程序时，对于盘点程序的缺陷，不予指明。

（5）对来料加工业务的原材料，和其他存货一同存放，纳入存货监盘的范围。

（6）在存货监盘结束时，监盘人员将使用过的盘点表单的号码记录于监盘工作底稿。

【要求】

针对上述（1）至（6）项，逐项指出是否存在不当之处。如果存在，简要说明理由。

第十二章　筹资与投资循环审计

一、单项选择题

1. 审计人员在审查托管证券是否真实存在时、应采取的主要审计程序是（　　）。

A. 审阅投资明细账　　B. 向代管机构函证

C. 检查被审计单位股票和债券登记簿　　D. 询问被审计单位管理部门

2. 在审计长期投资项目时，审计人员应查实企业各项投资的应计利息并及时（　　）。

A. 予以收回　　B. 计入当期损益

C. 同被投资企业核对相符　　D. 同相应的长期投资账户核对相符

3. 在对应付债券进行实质性程序时，审计人员应当（　　）。

A. 审查应付债券原始凭证保管人同会计记录人员是否职责分离

B. 审查营业费用明细账

C. 审查债券持有人明细账是否由专人保管

D. 审查应付债券是否已在资产负债表或其附注中分类反映

4. 审查企业长期借款，发现其中一部分将在 1 年内到期。审计人员应提请被审计单位将 1 年内到期长期借款在报表中列示为（　　）。

A. 或有负债　　B. 长期负债　　C. 流动负债　　D. 流动资产

5. 检查被审计单位的长期借款业务时，如发现有逾期未偿还的长期借款，审计人员首先应当实施的审计程序是（　　）。

A. 核实是否办理了延期还款手续　　B. 判断被审计单位的偿债能力

C. 判断被审计单位的资信程度　　D. 计算逾期贷款的金额和比率

6. 审计人员拟对 H 公司与借款活动相关的内部控制进行测试，下列程序中不属于控制测试的是（　　）。

A. 索取借款的授权批准文件，检查批准的权限是否恰当、手续是否齐全

B. 观察借款业务的职责分工，并将职责分工的有关情况记录于审计工作底稿中

C. 计算短期借款、长期借款在各个月份的平均余额，选取适用的利率匡算利息支出总额，并与财务费用等项目的相关记录核对

D. 抽取借款明细账的部分会计记录，按原始凭证到明细账再到总账的顺序核对有关会计处理过程，以判断其是否合规

7. 为确定“长期借款”账户余额的真实性，进行函证。函证的对象应当是（　　）。

A. 公司的律师　　B. 金融监管机关

C. 银行或其他有关债权人　　D. 公司的主要股东

8. 下列与投资交易的发生认定相关的实质性程序是（　　）。

A. 询问投资业务的职责分工情况及内部对账情况

B. 检查与投资有关的原始凭证，包括投资授权文件、被投资单位出具的股权或债权证明、投资付款记录等

C. 索取投资授权批准文件，检查审批手续是否齐全

D. 检查董事会会议记录、投资合同、交易对方提供的对账单、盘点报告等，确定有无未入账的交易

9. 下列对于投资与筹资循环中关于披露的审计程序的说法中错误的是（　　）。

A. 注意检查长期借款的抵押和担保是否已在财务报表附注中作了充分的说明

B. 注意一年内到期的长期应付款是否列入流动负债类中，如果列入，应做重分类调整

C. 与被审计单位人员讨论确定是否存在被投资单位由于所在国家和地区及其他方面的影响，其向被审计单位转移资金的能力受到限制的情况

D. 检查投资协议等文件，确定国外的投资收益汇回是否存在重大限制，若存在重大限制，应说明原因，并做出恰当披露

10. 在对外投资业务处理过程中，下列不属于不相容岗位的是（　　）。

A. 对外投资预算的编制与审批

B. 对外投资项目的分析论证与评估

C. 编制对外投资的记账凭证和登记相关明细账

D. 对外投资处置的审批与执行

11. 在审计人员来看，如果企业拥有较大的股票和债券投资资产，最好委托独立的外部机构，如委托银行、证券公司、信托投资公司等，进行专门保管。其主要原因是（　　）。

A. 这些机构拥有专门的保护和防护措施，可以防止各种证券及单据的失窃或毁损

B. 可以使投资业务的会计记录与实物保管工作完全分离，从而大大降低错误和舞弊的可能性

C. 能够产生关于投资业务的完整的会计记录，特别是有助于对投资业务及其投资收益的详尽记录

D. 在外部机构保管的情况下，被审计单位只需定期核对，而无须进行盘点，可以大大减少工作量

12. 投资与筹资循环的特征是，影响本循环账户余额的业务数量较少，但每笔业务的金额通常都很大。基于这个特点，在审计时，可以采用的审计方法是（　　）。

A. 抽样　　B. 实质性分析程序

C. 大量的控制测试　　D. 细节测试

13. 被审计单位以下关于投资活动的内部控制中不妥当的是（　　）。

A. 由企业自行保管的，由两名以上人员共同控制，不得一人单独接触证券

B. 投资业务在企业高层管理机构核准后，由高层负责人员授权签批，由财务经理办理具体的股票或债券的买卖业务，由会计部门负责进行会计记录和财务处理

C. 除无记名证券外，企业在购入股票或债券时应在购入的当日尽快登记于经办人员名下

D. 对于企业所拥有的投资资产，由内部审计人员或不参与投资业务的其他人员进行定期盘点

二、多项选择题

1. 下列审计程序中，可以用于审查长期借款入账完整性的有（　　）。

A. 向债权人询证负债金额

B. 查阅被审计单位管理部门的会议记录和文件资料

C. 审阅账簿记录并与原始凭证核对

D. 分析利息费用账户，验证利息支出的合理性

E. 审核银行存款余额调节表的未达账项

2. 短期借款入账完整性审查的手续包括（　　）。

A. 还款日期与借款合同内容核对，确定还款的及时性

B. 审查各项借款的日期、利率、还款期限及其他条件，确定有无少记短期借款或将短期借款计入长期负债账户的问题

C. 向开户银行或债权人询证

D. 分析利息费用账户

3. 在审计短期借款项目时，应当结合财务费用项目的审计，测试被审计单位本期反映的短期借款利息的整体合理性。以下各项审计程序中，与实现上述审计目标相关的有（　　）。

A. 根据被审计单位本期发生的各项短期借款的金额、期限、利率，重新计算利息

B. 索取被审计单位全部付息单并进行汇总后，与被审计单位会计记录进行核对

C. 根据被审计单位各月平均短期借款余额以及平均借款利率测算利息

D. 运用审计抽样方法，从被审计单位短期借款明细账抽取若干笔相关经济业务，测试利息计算是否准确

4. 下列有关长期借款实质性程序的说法正确的有（　　）。

A. 了解金融机构对被审计单位的授信情况以及被审计单位的信用等级评估情况，有助于证实长期借款的完整性

B. 向银行或其他债权人函证重大的长期借款

C. 对年度内减少的长期借款，审计人员应检查相关记录和原始凭证，核实还款数额

D. 长期借款在资产负债表上都应列示于长期负债类下，检查是否有例外情况

5. 审计人员为了确定应付债券账户期末余额的真实性，应选择的函证对象有（　　）。

A. 债权人　　B. 债券的承销人　　C. 证券经纪人　　D. 债券包销人

6. 筹资与投资循环中内部控制的职责分工包括有（　　）。

A. 筹资、投资决策与执行相互独立

B. 筹资、投资业务执行与记录相互独立

C. 筹资、投资业务执行与内部监督相互独立

D. 财会部门内部对资金收付、记录、复核相互独立

7. 对盈余公积进行实质性程序包括（　　）。

A. 编制或取得盈余公积明细表，与利润分配表核对

B. 查阅公司章程及盈余公积处理有关的规定

C. 将核对无误的盈余公积与盈余公积账户、报表核对

D. 将盈余公积明细账与会计凭证核对

8. 如果被审计单位投资的证券是委托专门机构代为保管的，为证实其是否确实存在审计人员可以采取的程序有（　　）。

A. 编制对外投资明细表　　B. 检查长期投资明细账

C. 向代保管机构发函询证　　D. 逐笔检查被审计单位相关会计记录

E. 与被审计单位人员到代保管机构清查盘点

9. 审查被审计单位是否存在未入账的长期负债业务，可选用的测试有（　　）。

A. 函证银行存款余额的同时函证银行借款业务

B. 分析财务费用，确定有无付款利息源自未入账的长期负债

C. 向被审计单位索取债务声明书

D. 审查一年内到期的长期负债是否列示在流动负债项目下

E. 由明细账入手追查至相关原始凭证

10. 审查所有者权益的内部控制时，审计人员应关注下列的内容包括（　　）。

A. 公司发行股本、股息宣布等业务的正当批准

B. 正确记账和现金、股票处理职责的适当分工

C. 重新计算股本是否正确估价和正确反映

D. 独立的股票登记代理人和股票过户代理人

11. 下列有关应付债券内部控制的说法不正确的有（　　）。

A. 应付债券的发行要有正式的授权程序，每次均要由总经理授权

B. 参与债券发行的会计人员记录应付债券业务

C. 债券的回购要有正式的授权程序

D. 未发行的债券必须有专人负责

12. 审计人员在确定长期股权投资是否已在资产负债表上恰当披露时，应当（　　）。

A. 检查资产负债表上长期股权投资项目的数额与审定数是否相符

B. 对被投资单位所在国家和地区受到其他方面影响，使被审计单位转移资金的能力受到限制的情况是否披露

C. 结合银行借款等的检查，了解长期股权投资是否存在质押、担保情况

D. 检查当期及累计未确认的投资损失金额是否在附注中披露

13. 审计人员在审查甲公司对外投资的内部控制中，应注意检查甲公司在办理对外投资中不相容岗位的划分，下列各项中，符合不相容岗位分离的有（　　）。

A. 有价证券投资总账和明细账登记　　B. 转让有价证券的执行与审批

C. 有价证券投资预算的编制与审批　　D. 证券部从事证券买卖与会计记录

14. 下列是投资与筹资循环涉及的主要业务活动，其中正确的是（　　）。

A. 企业所收到的凭证和有价证券应当保存在其经纪人处或由企业的开户银行保存在一个上锁的安全箱里

B. 企业收到股利和利息支票时应当予以记录并追查至银行存款单

C. 企业通过借款筹集资金需经管理层的审批，其中债券的发行每次均要由管理层授权

D. 向银行或其他金融机构融资可以签订借款合同，发行债券可以签订债券契约和债券承销或包销合同

三、简答题

1. 和筹资相关的财务表项目应怎样审查？

2. 怎样对长期股权投资进行审计？

四、分析题

审计人员对某公司2016年12月31日会计报表进行审计。该公司用剩余现金购置了数量较大的长期投资有价证券，并存放于当地某银行的保险箱，并规定只有公司总经理或财务部经理可以开启保险箱。由于12月31日公司的总经理和财务部经理不能共同去银行盘点有价证券，经约定，2017年1月11日由助理审计人员和财务经理一同至银行盘点。

【要求】

（1）假定该助理人员以前未进行过有价证券盘点，该审计人员应要求在盘点时执行哪些审计步骤？

（2）假定该审计人员盘点后得知，公司财务经理于1月4日曾开启保险箱，并声称开启保险箱是为了查阅一份文件。由于财务经理的上述行动，该审计人员师应增加哪些审计程序？

第十三章　货币资金审计

一、单项选择题

1. 被审计单位货币资金循环的下列职责分工易导致内部控制失效的是（　　）。

A. 出纳员负责现金、银行存款日记账和总账的登记

B. 报销单据的填制和审核分离

C. 支票与印章由不同人保管

D. 出纳员以外人员负责银行存款余额调节表的编制

2. 审计人员参加现金盘点后。应与审计人员共同在“库存现金盘点表”上签字的人员是（　　）。

A. 会计员和出纳员　　B. 出纳员和会计主管

C. 会计主管和总经理　　D. 出纳员和总经理

3. 某公司的银行存款日记账和总账期末余额为 1 570 万元，经检查银行存款日记账和直接从银行取得的银行对账单，发现以下未达账项：（1）银行代扣代缴的水电费 5 万元，公司尚未入账；（2）银行收到的销售款 10 万元，公司尚未入账；（3）银行存款利息 1 000 元，公司尚未入账。不考虑其他条件，审计认为该公司年末资产负债表中银行存款余额应为（　　）。

A. 1 555.1 万元　　B. 1 564.9 万元　　C. 1 575 万元　　D. 1 575.1 万元

4. 库存现金盘点时间通常安排在（　　）。

A. 存货盘点安排在营业前

B. 存货盘点安排在营业终了后

C. 现金盘点安排在营业前或营业终了后

D. 存货盘点安排在营业时

5. 现金盘点与存货盘点方式的区别在于（　　）。

A. 存货盘点采取突击性方式　　B. 现金盘点采取突击性方式

C. 现金和存货盘点均采取突击性方式　　D. 现金盘点采取预告方式

6. 银行对账单余额与银行存款日记账余额不符，应当执行的最有效的审计程序是（　　）。

A. 重新测试相关的内部控制

B. 审查银行对账单中记录的该账户资产负债表日前后的收付情况

C. 审查银行存款日记账中记录的该账户资产负债表日前后的收付情况

D. 审查该账户的银行存款余额调节表

7. 审计人员要证实被审计单位在接近 12 月 31 日签发的支票未予入账。最有效的审计手续是（　　）。

A. 审查 12 月 31 日银行对账单

B. 审查 12 月份支票存根及银行存款日记账

C. 询证 12 月 31 日银行存款余额

D. 审查年末银行存款总账

8. 下列与现金相关的内部控制，应提出改进建议的是（　　）。

A. 每日及时记录现金收入并定期向顾客寄送对账单

B. 担任登记现金日记账及总账职责的人员与担任现金出纳职责的人员分开

C. 现金折扣需经过适当审批

D. 每日盘点现金并与账面余额核对

9. 以下业务分工易导致内部控制失效的是（　　）。

A. 货币资金收付与记录岗位分离

B. 业务处理与内部审计独立

C. 款项结算与审核分离

D. 支票、印章由一人保管，但要与记录分离

10. 审查库存现金时，由出纳员清点库存现金以后，填制“库存现金盘点表”的人员应是（　　）。

A. 审计人员　　B. 出纳员　　C. 会计主管　　D. 财务经理

11. 审查银行存款余额时，银行存款余额调节表可由审计人员自行编制或向被审计单位索取，究竟选用哪种方式取决于（　　）。

A. 审计人员的业务能力　　B. 被审计单位的会计人员的素质

C. 被审计单位内部控制的健全程度　　D. 审计人员是否遵守审计准则

二、多项选择题

1. 审计人员实施的下列各项审计程序中能够证实银行存款是否存在的有（　　）。

A. 分析定期存款占银行存款的比例　　B. 检查银行存款余额调节表

C. 函证银行存款余额　　D. 检查银行存款收支的正确截止

2. 下列各项中，符合现金监盘要求的有（　　）。

A. 被审计单位会计主管回避

B. 监盘之前将已办理现金收付款手续的收付凭证记入现金日记账

C. 不同存放地点的现金同时进行监盘

D. 监盘时间最好安排在当日现金收付业务进行过程中

E. 审计人员帮助出纳员进行现金清点

3. 下列审计程序中，属于库存现金、银行存款账户实质性程序的有（　　）。

A. 盘点库存现金，编制库存现金盘点表

B. 抽查大额现金和银行存款收支

C. 抽取银行存款余额调节表并作检查

D. 向开户银行函证银行存款余额

4. 函证银行存款余额，审计人员可以证实（　　）。
   A. 银行存款是否存在　　B. 银行借款金额
   C. 是否存在企业未入账的负债　　D. 是否存在或有负债
5. 审计人员寄发的银行询证函（　　）。
   A. 是以被审计单位的名义发往开户银行的
   B. 属于积极式询证函
   C. 要求银行直接回函至会计师事务所
   D. 包括银行存款和借款余额
6. 审计人员应该进行银行存款询证的有（　　）。
   A. 外埠存款　　B. 银行汇票存款
   C. 存款账户已结清的银行　　D. 信用保证金
7. 检查货币资金部分不相容职务划分情况时，审查内容包括（　　）。
   A. 抽查收付款凭证上有无审批授权人的签章
   B. 抽查银行存款调节表，检查编制人签章是否为出纳员以外人员
   C. 抽查现金及银行存款日记账与相应的记账凭证，检查是否由会计人员编制并审核记账凭证
   D. 支票的保管和登记及印章的保管是否分别由两人负责
   E. 各项货币资金的收付程序有无明确的制度规定
8. 以下审计程序中，属于实质性程序的有（　　）。
   A. 检查银行预留印鉴的保管情况
   B. 检查银行存款余额调节表中未达账项在资产负债表日后的进账情况
   C. 检查现金交易中是否存在应通过银行办理转账支付的项目
   D. 检查外币银行存款年末余额是否按年末汇率折合为记账本位币金额
   E. 验证签章人是否符合授权层次范围
9. 下列各项中，对银行存款余额实施函证程序正确的有（　　）。
   A. 如果银行询证函回函结果表明没有差异，则可以认定银行存款余额是正确的
   B. 除余额为零的银行存款账户以外，必须对公司所有银行存款账户实施函证程序
   C. 由公司代为填写银行询证函后，交由注册会计师直接发出并回收
   D. 以公司的名义寄发银行询证函
   E. 核对付款凭证与发票、应付账款明细账一致性

三、简答题

1. 库存现金审计中常见的问题有哪些？

2. 审计人员对库存现金监盘时，应考虑哪些方面？

3. 对银行存款的实质性测试方法有哪些？

4. 银行存款函证目的、对象、方式分别是什么？

四、分析题

1. 2017 年 1 月 10 日上午 8 时，南方市审计局派出的审计人员对 A 公司的库存现金进行突击盘点。经过盘点，实际的情况如下：

（1）现钞有 100 元币 10 张，50 元币 13 张，10 元币 16 张，5 元币 19 张，2 元币 22 张，1 元币 25 张，5 角币 30 张，2 角币 20 张，1 角币 40 张，硬币 5 角 8 分，总计 1 997.58 元。

（2）已收款尚未入账的收款凭证 3 张，计 130 元。

（3）已收款尚未入账的付款凭证 5 张，计 520 元，其中有何阳借条一张，日期为 2016 年 7 月 15 日，金额 200 元，未经批准和说明用途。

（4）盘点的库存现金账面余额为 1 890. 20 元，2017 年 1 月 1 日至 2017 年 1 月 10 日收入现金 4 560. 16 元，支出现金 4 120 元。2016 年 12 月 31 日库存现金账面余额为 1 060. 04 元。

【要求】

（1）请说明上述资料是如何获得的？

（2）根据资料编制库存现金盘点表，计算出盈亏，并推算 2016 年 12 月 31 日库存现金实存额。

（3）指明企业存在的问题，提出处理意见。

2. 审计人员在2016年8月14日检查了B企业7月份银行存款日记账的收支业务并与银行对账核对。7月31日银行对账单余额为223 546元，银行存款日记账为220 000元，核对后发现有下列不符情况：

（1）7月8日，银行对账单上收到外地存款8 500元（查系外地某乡镇企业），但日记账上无此记录。

（2）7月22日，对账单上有存款利息460元，日记账上为454元（查系记账凭证写错）。

（3）7月25日，对账单付出8 500元（查系转账支票），但日记账无此记录。

（4）7月26日，日记账上付出40元，对账单上无此记录（查系记账员误记）。

（5）7月31日，日记账上有存入转账支票4 000元，但对账单上无此记录。

（6）7月31日，日记账上有付出转账支票4 000元，但对账单上无此记录。

（7）对账单有7月31日收到托收款5 500元，但日记账无此记录。

【要求】

（1）根据上述资料编制银行余额存款调节表。

（2）指出该企业银行存款管理上存在的问题。

第十四章 审计报告

一、选择题

1. 注册会计师签发的审计报告的主要作用是（　　）。

A. 鉴证作用　　B. 保护作用　　C. 证明作用　　D. 促进作用

2. 报告的说明段省略时，则注册会计师发表了（　　）。

A. 无保留意见　　B. 保留意见　　C. 否定意见　　D. 无法表示意见

3. 注册会计师在编写审计报告时，在意见段上增加了提请财务报表使用者关注事项，但不影响已发表的审计意见，审计报告是（　　）。

A. 无保留意见审计报告

B. 保留意见审计报告

C. 否定意见审计报告

D. 带强调事项段的无保留意见审计报告

4. 被审计单位对审计范围进行限定，致使某些重要的审计程序无法实施，注册会计师发表的审计意见应该是（　　）。

A. 保留意见　　B. 否定意见　　C. 无法表示意见　　D. B 或 C

5. 期后事项是指影响财务报表的事项，其影响的期间为（　　）。

A. 财务报表截止日以后　　B. 审计报告日以后

C. 实地审计工作结束以后　　D. 财务报表日与审计报告日之间

6. 下列文件中能够作为提出审计报告意见依据的项目是（　　）。

A. 注册会计师的审计工作底稿

B. 内部控制系统评价的结果

C. 注册会计师的审计工作计划

D. 委托人对审计中发现的技术性错误的陈述

7. 下列有关内部审计报告的表述，错误的是（　　）。

A. 内部审计人员除提交最终的审计报告之外，可以根据实际情况在审计过程中提交阶段性审计报告

B. 内部审计因其处于组织内部，其报告内容无须包括审计概况和审计依据

C. 内部审计报告中应包括针对被审计单位经营活动和内部控制缺陷提出的审计建议

D. 被审计单位对内部控制审计报告持有异议的，审计项目负责人及相关人员应进行研究、核实，必要时应修改审计报告

8. 下列关于社会审计报告基本要素的表述中，正确的是（　　）。

A. 审计报告的标题统一规范为“社会审计报告”
B. 审计报告应当按照审计业务约定的要求载明收件人
C. 审计报告中需要注明会计师事务所的名称、地址，并加盖法人章
D. 注册会计师的签名和盖章不需要在审计报告中列示

9. 下列有关内部审计的审计报告的说法中，错误的是（　　）。
A. 内部审计报告通常为简式审计报告
B. 内部审计报告是内部审计活动成果的体现，是内部审计人员与被审计单位、组织管理层和其他相关各方进行沟通和交流的媒介，也是内部审计活动为组织增加价值、促进组织目标实现的重要手段
C. 作为内部审计活动的最终成果，内部审计报告对被审计单位的经营活动和内部控制进行评价，并且提出改进建议
D. 内部审计报告是指内部审计人员根据审计计划对被审计单位实施必要的审计程序后，就被审计事项做出审计结论，提出审计意见和审计建议的书面文件

10. 审计机关对被审计单位违反国家规定的财政收支、财务收支行为，依法做出处理处罚的书面文件是（　　）。
A. 审计报告　　B. 审计移送处理书
C. 审计决定书　　D. 审计建议函

11. 下列关于我国国家审计报告的表述中，正确的是（　　）。
A. 审计组的审计报告反映的是审计机关的最终意见
B. 审计组的审计报告是审计机关对外出具的审计报告
C. 审计机关的审计报告反映的是审计机关的最终意见
D. 审计机关的审计报告是提出的内部审计文书

12. 下列可以运用简式审计报告的是（　　）。
A. 内部审计报告　　B. 社会审计报告
C. 审计组的审计报告　　D. 审计机关的审计报告

13. 下列各项中，通常不属于审计机关公布审计结果时不得公布的信息的是（　　）。
A. 对被审计单位的处罚决定　　B. 涉及商业秘密的信息
C. 涉及国家秘密的信息　　D. 正在调查、处理过程中的事项

14. 审计组的国家审计报告送达被审计对象征求意见时，被审计对象提交书面意见的时限是（　　）。
A. 5 日以内　　B. 10 日以内　　C. 15 日以内　　D. 30 日以内

15. 审计机关依照法律规定，受本级人民政府委托，向本级人大常委会提出的关于审计上一年度本级预算执行和其他财政收支审计工作情况的报告是（　　）。
A. 审计结果报告　　B. 审计工作报告
C. 审计结果公告　　D. 审计调查报告

16. 与内部审计报告相比，国家审计报告的特殊程序是（　　）。
A. 征求被审计单位的意见　　B. 分级复核
C. 送达被审计单位　　D. 公告审计结果

17. 原则上对审计报告和审计决定书进行审定的应当是（　　）。

A. 审计组组长　　B. 审计机关主管领导
C. 审计机关审计业务会议　　D. 审计机关的本级人民政府

18. 下列最能起到经济鉴证作用的审计报告是（　　）。
A. 注册会计师签发的审计报告　　B. 审计机关的审计报告
C. 内部审计报告　　D. 审计组的审计报告

19. 下列选项中，属于国家审计的审计报告的是（　　）。
A. 非标准审计报告　　B. 内部审计报告
C. 标准审计报告　　D. 审计组的审计报告

二、多项选择题

1. 审计报告是各方面的使用者了解情况和处理问题的重要依据，其作用具体表现为（　　）。
A. 鉴证作用　　B. 保护作用　　C. 评价作用　　D. 制约作用
E. 证明作用

2. 审计报告的审计意见段落中，应当说明被审计单位的名称和财务报表已经过审计，并包括（　　）。
A. 指出构成整套财务报表的每张财务报表的名称
B. 提及财务报表附注
C. 指明财务报表的日期和涵盖的期间
D. 提及财务报表附表的具体名称
E. 收件人名称

3. 根据审计报告使用的目的不同，审计报告可以划分为（　　）。
A. 公布目的的审计报告　　B. 简式审计报告
C. 详式审计报告　　D. 非公布目的的审计报告
E. 标准审计报告

4. 根据审计报告的详略程度，审计报告可以分为（　　）。
A. 详式审计报告　　B. 无保留意见审计报告
C. 简式审计报告　　D. 标准审计报告
E. 非标准审计报告

5. 国家审计中，审计工作报告的内容包括（　　）。
A. 对本级预算执行情况的总体评价
B. 加强预算管理的意见
C. 本级预算执行中存在的主要问题及纠正和处理情况
D. 管理层对财务报表的责任段
E. 审计后政府及各部门的整改情况

6. 内部审计报告正文的主要内容包括（　　）。
A. 标题　　B. 审计依据　　C. 审计结论　　D. 审计发现
E. 审计建议

7. 下列属于国家审计报告中包含的基本要素有（　　）。

A. 审计依据　　B. 标题　　C. 收件人　　D. 审计评价意见
E. 实施审计的基本情况

8. 下列关于我国国家审计报告的表述，正确的有（　　）。
A. 包括审计评价意见
B. 通常是简式审计报告
C. 不包括以往审计决定的执行情况
D. 包括针对审计发现问题提出的改进建议
E. 是国家审计机关向被审计单位作出审计决定的依据

9. 社会审计中非标准审计报告是完成对委托人财务报表审查后编制的意见为（　　）种类的报告。
A. 无保留意见审计报告
B. 否定审计意见报告
C. 保留意见审计报告
D. 带强调事项段的无保留意见审计报告
E. 无法表示意见审计报告

10. 在评价财务报表是否在所以重大方面按照适用的会计准则编制时，注册会计师考虑的内容包括（　　）。
A. 选择和运用的会计政策是否符合适用的会计准则，并适合于被审计单位的具体情况
B. 管理层做出的会计估计是否合理
C. 财务报表是否做出充分披露，使财务报表使用者对报表得到了充分理解
D. 财务报表反映的信息是否具有相关性、可靠性、可比性和可理解性
E. 在允许的情况下，提前应用对财务报表有广泛影响的新会计准则

11. 在评价财务报表是否作出公允反映时，注册会计师考虑的内容包括（　　）。
A. 经管理层调整后的财务报表，是否与注册会计师对被审计单位及其环境的了解一致
B. 财务报表的列报、结构和内容是否合理
C. 财务报表是否真实地反映了交易和事项的经济实质
D. 财务报表是否做出充分披露，有无遗漏事项
E. 客户没有反映会计准则和相关会计制度所要求的补充信息

12. 注册会计师责任段应当说明（　　）。
A. 注册会计师的责任是在实施审计工作的基础上对财务报表发表审计意见
B. 审计工作涉及实施审计程序，以获取有关财务报表金额和披露的审计证据
C. 注册会计师相信已获取的审计证据是充分、适当的，为其发表审计意见提供了基础
D. 已经选择和运用恰当的审计准则
E. 设计、实施和维护与财务报表编制相关的内部控制

13. 审计意见段应当说明（　　）。
A. 财务报表是否在所有重大方面按照适用的会计准则编制

B. 财务报表是否公允反映了被审计单位的财务状况、经营成果和现金流量
C. 财务报表是否按照注册会计师的要求调整
D. 财务报表编制是否符合国家的财经政策、法规和制度
E. 财务报表是否在所有重大方面公允反映了被审计单位的财务状况、经营成果和现金流量

14. 下列关于审计报告的说法中正确的有（　　）。
A. 审计报告是评价审计人员工作、控制审计质量的重要依据
B. 审计报告是审计人员发表审计意见和提出审计建议的载体
C. 内部审计报告是具有法律效力的证明文件，起到经济鉴证的作用
D. 审计报告是为国家宏观经济决策服务的重要信息来源
E. 国家审计的审计报告是国家审计机关向被审计单位做出审计决定的依据

15. 内部审计报告的编制应当符合下列要求（　　）。
A. 实事求是、不偏不倚地反映被审计事项的事实
B. 要素齐全、格式规范，完整反映审计中发现的重要问题
C. 逻辑清晰、用词准确、简明扼要、易于理解
D. 充分考虑所有审计项目，进行详细审计
E. 针对被审计单位业务活动、内部控制和风险管理中存在的主要问题或者缺陷提出可行的改进建议，以促进组织实现目标

16. 下列属于审计机关审计处理措施的有（　　）。
A. 罚款
B. 责令限期退还被侵占的国有资产
C. 责令按照国家统一的会计制度的有关规定进行处理
D. 警告
E. 责令限期缴纳应当上缴的款项

17. 下列有关审计报告的表述，正确的有（　　）。
A. 内部审计机构在实施审计后通常撰写简式审计报告
B. 我国国家审计机关在实施审计后撰写的是简式审计报告
C. 审计报告复核是审计质量控制措施之一
D. 国家审计报告是国家审计机关向被审计单位做出审计决定的依据
E. 注册会计师签发的审计报告是具有法律效力的证明文件

18. 被审计单位对审计机关做出的有关财务收支的审计决定不服的，可以采取的行动有（　　）。
A. 申请行政复议
B. 提起行政诉讼
C. 提请审计机关的本级人民政府裁决
D. 提请审计机关的上级人民政府裁决
E. 提请上一级审计机关裁决

三、简答题

1. 什么是审计报告？审计报告有何作用？

2. 注册会计师的审计意见有哪几种？分别是在什么条件下发表该意见？

3. 社会审计报告基本格式应包括哪些内容？

四、分析题

A注册会计师作为ABC会计师事务所审计项目负责人，在审计以下单位2015年度会计报表时遇到以下情况，要求：假定下述情况对被审计单位2015年度会计报表的每一项影响都是重大的，且各被审计单位均拒绝接受注册会计师的审计处理意见（如有）。在不考虑其他因素影响的前提下，请分别针对下述4种情况，判断A注册会计师应对2015年度会计报表出具何种意见的审计报告，并简要说明理由。

（1）甲公司拥有一项长期股权投资，账面价值500万元，少计提减值准备50万元。

（2）乙公司于2014年5月为L公司1年期银行借款1 000万元提供担保，因L公司不能及时偿还，银行于2015年11月向法院提起诉讼，要求乙公司承担连带清偿责任。2015年12月31日，乙公司在咨询律师后，根据L公司的财务状况，计提了500万元的预计负债。对上述负债，乙公司已在会计报表附注中进行了适当披露。截止审计工作完成日，法院未对该项诉讼做出判决。

（3）丙公司资产负债表日拥有的存货金额为300万元，注册会计师未能对其实施监盘，也未能实施其他审计程序，存货占总资产80%。

（4）X公司的客户A因长期财务状况恶化于2016年1月30日宣告破产，欠款为500万元全部不能收回，X企业已于2015年12月31日按50%计提坏账准备。

第十五章　审计管理

一、单项选择题

1. 在下列选项中，审计机关根据年度对审计项目和专项审计调查项目预先作出的统一安排称为（　　）。

A. 审计策划　　B. 审计方案
C. 审计项目计划　　D. 定期审计项目

2. 为了审计工作有序、高效地完成审计任务，达到审计目标，就要对审计工作进行科学的管理，下面哪项是审计管理的核心（　　）。

A. 档案管理　　B. 审计计划管理
C. 审计风险管理　　D. 审计质量管理

3. 审计人员的审计结论偏离了审计事项的客观事实，但没引发追究审计责任的行为，这说明是（　　）。

A. 审计风险可以控制的　　B. 审计风险不可控制的
C. 审计风险具有潜在性的　　D. 审计风险可转移的

4. 下列选项中，审计立卷主体的原则是（　　）。

A. 审计机构档案部门立卷　　B. 立项者立卷
C. 审计组立卷　　D. 审计组主管部门立卷

5. 在审计业务中，审计管理要贯穿于（　　）。

A. 审计组织阶段　　B. 审计实施阶段
C. 审计业务活动的始终　　D. 审计计划阶段

6. 审计管理的目的是（　　）。

A. 制订有效的审计计划　　B. 作出审计决策
C. 选择审计对象　　D. 提高审计工作的质量和效率

7. 审计人员通过提高业务水平来控制审计风险，属于风险控制方法中的（　　）。

A. 风险转移法　　B. 风险承受法　　C. 风险回避法　　D. 自我保护法

8. 下列属于审计质量控制措施的是（　　）。

A. 对所有审计事项均采用详查法
B. 对所有审计项目都要实施后续审计
C. 审计工作底稿的复核制度
D. 在审计业务范围内，选择简单、易审的项目进行审计

9. 审计质量控制是对各项审计工作或具体审计项目全过程的质量进行自我约束的一项

活动，它依靠的控制标准是（　　）。

A. 审计工作质量控制标准　　B. 审计项目质量控制标准

C. 审计质量控制标准　　D. 审计人员质量控制标准

10. 下列不属于审计质量控制客体的是（　　）。

A. 审计的全过程，从计划到实施，到最终发表意见

B. 专门审计组织和人员

C. 审计组织内部各项管理

D. 审计人员素质和工作技能的控制

11. 从不同的影响因素考虑，可将审计风险完整的划分为（　　）。

A. 固有风险和控制风险

B. 固有风险和检查风险

C. 被审计单位的重大错报风险和检查风险

D. 控制风险和检查风险

12. 下列关于审计档案管理的说法中，错误的是（　　）。

A. 审计机关工作人员不得损毁、丢失、涂改审计档案

B. 对已超过保管期限的审计档案可以直接销毁

C. 审计机关应按国家有关规定配备必要的设施和设备确保审计档案的安全

D. 审计档案的保管期限由审计机关业务部门负责划定

二、多项选择题

1. 下列选项中，属于审计质量管理的方法有（　　）。

A. 全面管理　　B. 关键点质量控制法

C. 质量检查控制法　　D. 多层次管理

E. 分层次分阶段质量控制法

2. 审计质量管理是审计管理的核心，加强审计质量管理意义重大，审计质量管理的意义有（　　）。

A. 有利于保证年度计划的编制和计划的完成

B. 降低审计风险

C. 提高审计监督的权威性

D. 为国家宏观经济管理提供可靠信息

E. 有利于落实审计工作责任制

3. 从审计风险管理的角度将审计风险划分为（　　）。

A. 固有风险　　B. 不可控风险　　C. 检查风险　　D. 可控风险

E. 控制风险

4. 属于我国审计质量控制措施的有（　　）。

A. 对人员素质进行控制，保持人员独立性，对人员进行专业培训并设立咨询部门

B. 对审计方法进行控制，改进不良的审计方法

C. 对审计作业过程控制，委派有素质的审计人员保证审计工作质量

D. 对审计标准进行控制，根据情况改变审计标准

E. 审计机关的分级质量控制

5. 下列各项中，属于审计计划管理的内容有（　　）。

A. 审计计划修订
B. 审计计划审批
C. 审计项目计划执行
D. 审计计划执行结果的检查和考核
E. 审计计划编制

6. 下列各项中，属于永久保管的审计档案的有（　　）。

A. 具有突出代表意义的审计事项
B. 查考价值较大的审计事项
C. 特别重大的审计事项
D. 一般性审计事项
E. 列入审计工作报告的审计事项

7. 下列各项中，属于审计管理基础工作的有（　　）。

A. 审计计划管理
B. 审计统计管理
C. 审计质量管理
D. 审计档案管理
E. 审计信息管理

8. 下列各项中，属于审计质量全面管理的有（　　）。

A. 审计的一般管理
B. 审计的业务管理
C. 外部管理
D. 内部管理
E. 多层次管理

9. 下列各项中，体现了审计质量管理中的质量检查控制法的有（　　）。

A. 审计机关检查建立和执行审计质量控制制度的情况
B. 内审职业组织开展质量检查和指导
C. 会计师事务所行业同业检查
D. 会计师事务所自身的质量控制体系
E. 对重要审计实施方案的逐级审批制度

三、简答题

1. 什么是审计风险？

2. 什么是审计管理？

3. 审计风险的基本特征是什么？

4. 如何进行审计档案的归档？